ELLE S'EST SUICIDÉE :
IL EST CONDAMNÉ À VIE!

Catalogage avant publication de Bibliothèque et Archives nationales du Québec et Bibliothèque et Archives Canada

Bernheim, Jean Claude, 1945-, auteur

Elle s'est suicidée, il est condamné à vie ! :
l'affaire Michel Bérubé / Jean Claude Bernheim.
ISBN 978-2-924800-03-4 (couverture souple)

1. Bushman, Tanya. 2. Bérubé, Michel, 1964 ou 1965 - Procès, instances, etc. 3. Meurtre - Enquêtes - Québec (Province) - Montréal. 4. Procès (Meurtre) - Québec (Province) - Montréal. 5. Erreur judiciaire - Québec (Province) - Montréal. I. Titre. II. Titre : Affaire Michel Bérubé.

HV6535.C33M6 2018   364.152'30971428   C2018-940197-4

Édition : François Martin
Révision : Andrée Foisy
Mise en page : Carole Lallier
Illustration de la couverture : Dreamstime

Tous droits de reproduction, d'édition, d'impression, de traduction, d'adaptation et de représentation, en totalité ou en partie, sont réservés. Reproduction interdite sans l'autorisation écrite des Presses du Méridien (Groupéditions Éditeurs), 680, rue Victoria, suite 141, Saint-Lambert (Québec) J4P 3S1 (514) 651-4428.
info@groupeditions.com
www.groupeditions.com

Elle s'est suicidée – Il est condamné à vie !
ISBN 978-2-924800-03-4

© PRESSES DU MÉRIDIEN

Dépôt légal - Bibliothèque et Archives nationales du Québec, 2018
Dépôt légal - Bibliothèque et Archives Canada, 2018

Jean Claude Bernheim

ELLE S'EST SUICIDÉE :
IL EST CONDAMNÉ À VIE!

L'AFFAIRE MICHEL BÉRUBÉ : UNE ERREUR JUDICIAIRE

Du même auteur :
Les complices : police, coroner et morts suspectes
En collaboration avec Lucie Laurin
Montréal, Québec-Amérique, 1980

Rompre le silence
Montréal, Boréal express, 1983

Les suicides en prison
Montréal, Méridien, 1987

Police et pouvoir d'homicide
En collaboration avec Taya di Pietro et Emmanuèle Garnier
Montréal, Méridien, 1990

Criminologie : Idées et théories de l'Antiquité à la première moitié du 20e siècle
Nouvelle édition revue et augmentée, Cursus Universitaire, 2007

Les droits des personnes incarcérées : Les règles, la réalité et les ressources
En collaboration avec Sébastien Brousseau
Montréal, Cursus universitaire, 2002

Le harcèlement psychologique comme crime d'État
En collaboration avec Karine Cyr et Annie Lachance
Montréal, Cursus universitaire, 2003

Le scandale des commandites : un crime d'État
Montréal, Méridien, 2004

Le harcèlement psychologique au sein de la Défense nationale : Le cas Derosby
En collaboration avec Patrick Charlebois et Rémi Robichaud
Montréal, Cursus universitaire, 2005

Les assurances multirisques et le casier judiciaire
En collaboration avec Karine Cyr et Marie-Claude Fournier
Longueuil, Groupéditions, 2008

Les erreurs judiciaires : une réalité contemporaine incontournable
Longueuil, Groupéditions, 2010

Un Escadron de la mort au Québec
Montréal, Accent Grave et La Compagnie à Numéro, 2013

Le cas Derosby : Le combat d'une vie pour la dignité et la justice
Montréal, Accent Grave, 2014

Meurtriers sur mesure : l'énigme de Val d'Or
Saint-Lambert, Presses du Méridien, 2017

Introduction

*Une condamnation injustifiée
est un déni de justice dans le sens le plus fondamental du terme :
un innocent a été condamné par une erreur pour un crime qu'il n'a pas commis;
dans bien des cas, cela s'est soldé par des années d'incarcération longues et difficiles.*
(Bellemare et Finlayson, 2004, p. 2)[1]

Le 29 mai 2003, alors qu'il circulait dans sa voiture sur le Chemin de la Côte-des-Neiges à Montréal, Michel Bérubé, un homme sans histoire et n'ayant jamais eu de démêlé avec la justice, est intercepté par des policiers et placé en état d'arrestation. Il faisait l'objet d'une filature depuis déjà un bon moment.

Amené dans les locaux de l'escouade des crimes contre la personne, Place Versailles à Montréal, on l'informe qu'il est accusé du meurtre de sa femme, Tanya Bushman. Emprisonné, il sera libéré sous cautionnement cinq semaines plus tard, le 5 juillet 2003, et demeurera en liberté jusqu'au terme de son procès qui s'est déroulé du 24 janvier au 28 février 2005.

Après trois jours de délibérations, le jury déclarera le 4 mars 2005 Michel Bérubé coupable de meurtre au premier degré. Il a alors été condamné à la prison à perpétuité, sans possibilité de libération conditionnelle avant 25 ans.

Depuis lors, Michel Bérubé a toujours clamé son innocence. Une analyse approfondie de l'enquête policière et des procédures judiciaires qui en ont découlé m'ont permis de découvrir une série d'anomalies et de faits menant à une conclusion terrible : cet homme n'a pas eu droit à un traitement juste et équitable.

Au terme de mon analyse, je suis en mesure de démontrer qu'il n'a pas joui du droit à la présomption d'innocence et surtout que son procès n'a pas donné lieu à une présentation complète des faits entourant son affaire. J'ai analysé l'ensemble des éléments de preuve recueillis par les policiers, les notes de son procès et le jugement de la Cour d'appel. Enfin, j'ai rencontré le prisonnier Michel Bérubé.

Voici l'histoire vrai d'une enquête policière et d'un procès qui ont mené à la condamnation à la prison à vie de Michel Bérubé qui, lui, a toujours clamé son innocence.

---

[1] D. A Bellemare et Rob Finlayson. *Rapport sur la prévention des erreurs judiciaires*. Winnipeg, Groupe de travail du Comité FPT des chefs des poursuites pénales, septembre 2004, ix + 169p.

Chapitre 1
Un couple comme bien d'autres

> *Il est de la justice criminelle*
> *comme de toutes les institutions humaines,*
> *elle est sujette à l'erreur, nous devons le reconnaître,*
> *quelque pénible que soit cet aveu.*
> (Pascaud, 1888, p. 597-8)[2]

Une soirée et une journée telles que vécues par Michel Bérubé

Le mercredi 20 novembre 2002, Michel Bérubé, un homme de 36 ans, quitte tôt en matinée la résidence familiale de Sainte-Anne-de-Bellevue, en banlieue ouest de Montréal, pour se rendre, comme à l'habitude, à son travail. Il sort de la maison sans même prendre la peine de saluer sa femme, Tanya Bushman, avec qui il a eu une violente dispute la veille au soir. Il en conserve d'ailleurs une marque au visage qu'il prétendra, devant ses collègues de travail, avoir été causée par son chien…

Michel Bérubé aime toujours sa femme Tanya qui, elle, ne l'aime manifestement plus. D'ailleurs leur querelle de la veille au soir a suivi l'annonce par Tanya de son intention de rompre. Cette rupture déconcerte Michel Bérubé. Il est pris au dépourvu et ce d'autant plus qu'au cours des derniers mois le couple avait pris la décision d'entreprendre une nouvelle vie à Calgary, ville en plein essor de l'Alberta et où Bérubé entendait réaliser son rêve d'exploiter un restaurant. Pour sa part, Tanya était heureuse d'y déménager puisque sa sœur habitait à Calgary. La maison du couplée avait d'ailleurs été vendue et le déménagement vers Calgary était prévu pour la fin du mois de novembre, donc dans dix jours ! En outre, et pour célébrer leur nouvelle vie, ils avaient réservé un forfait pour séjourner à Cancun, au Mexique, du 8 au 22 décembre.

---

2 Henri Pascaud. De l'indemnité à allouer aux individus indûment condamnés ou poursuivis en matière criminelle, correctionnelle ou de police. *Revue critique de législation et de jurisprudence* 17;597-637,1888. Aussi, Paris, Guillaumin, 1888, 45 p. http://books.google.ca/books?id=YqkOAAAAYAAJ&hl=fr&ie=I-SO-8859-1&output=html

Michel Bérubé est bouleversé et, au terme de sa journée de travail, il rentre à la maison. Il a passé la journée à analyser sa situation. Il n'accepte pas de voir tous ses projets familiaux et professionnels voler en éclats. « Voyons, ça n'a pas de bon sens… ça pas d'allure » se répète-t-il tout au long de la journée avec la ferme intention de tout mettre en œuvre, dès son retour à la maison, pour rétablir les choses avec sa femme.

Vers 17h15, Michel Bérubé, rentre à sa résidence au terme de sa journée de travail et découvre avec stupéfaction et horreur sa femme, Tanya Bushman, pendue à l'aide d'un cordon métallisé. Il se précipite vers elle et tente vainement de défaire le nœud du cordon l'étranglant pour finalement réussir à libérer son corps en tranchant le cordon. Puis, affolé, en état de choc, plutôt que d'appeler les services d'urgence, il soulève le corps, trébuche, le transporte dans sa voiture et se dirige à vive allure à l'urgence de l'Hôpital du Lakeshore, situé à quelques kilomètres de là. Sur place, en sortant de son véhicule, il trébuche à nouveau avec le corps dans ses bras pour enfin le déposer dans l'entrée de l'urgence en suppliant le personnel infirmier d'intervenir sans plus attendre.

Des soupçons et une arrestation sans mandat
Le docteur Patrick Kilmartin, urgentologue, vaque à ses occupations habituelles à l'Hôpital du Lakeshore de Dorval, ville située en banlieue ouest de Montréal. Peu avant 18 heures, le personnel de l'urgence voit arriver un homme, Michel Bérubé, manifestement en état de choc, portant dans ses bras le corps inanimé d'une femme, Tanya Bushman. Le docteur Kilmartin entreprend immédiatement, en vain, les manœuvres de réanimation et procède à l'examen du corps. L'urgentologue conclut hâtivement que Tanya Buschman a été sauvagement battue, constate son décès et fait part de ses commentaires aux policiers appelés sur les lieux. Il ne prend même pas la peine de demander à consulter le dossier médical de Tanya Buschman qui était pourtant une patiente de cet hôpital puisqu'elle y avait subi une opération dans les semaines précédentes…

Saignements à la vulve : agression
Il constate de nombreuses ecchymoses et du sang au niveau de la vulve. À la vue de ces saignements, il conclut à une agression sexuelle. Comme nous le constaterons, cette conclusion s'avèrera erronée dès le lendemain lors de l'autopsie, mais le mal est fait. En effet, puisque l'urgentologue est persuadé d'être confronté à une mort suspecte, il n'hésitera pas à faire part de ses conclusions aux policiers qui sont présents.

> **À propos du docteur Kilmartin**
> Au terme d'une plainte déposée contre lui dans une autre affaire, selon le constat de la Cour du Québec, le Dr Patrick Kilmartin avait agi « *de façon cavalière* » avec une patiente, en 2006. De plus, les notes inscrites au dossier au moment de l'examen de cette patiente étaient « illisibles », tandis que d'autres ont été « rajoutées quelques jours plus tard pour compléter le dossier médical de la » patiente. Le syndic-adjoint du Collège des médecins du Québec a estimé « que la note qu'il avait rédigée au dossier le 17 août 2006 suite à (l')évaluation ne témoignait pas d'un questionnaire adéquat ni d'un examen approprié ».
>
> En conclusion de cette affaire, « *le Tribunal ne peut que conclure qu'une erreur fut effectivement commise par le docteur Kilmartin* » (Weilbrenner c. Kilmartin, Cour du Québec, dossier N° 500-32-111734-085, 2011 QCCQ 18340).
>
> Fait à noter : des déboires financiers vécus par le docteur Kilmartin à la fin des années 1990 ont, selon la Cour supérieure, « *causé et cause au débiteur Patrick Kilmartin, un stress énorme et affecte négativement sa capacité de travailler adéquatement* ». À cela s'ajoutaient des problèmes personnels (Cour supérieure, dossier N° 760-11-000408-969).

Au terme de son examen, le docteur Kilmartin, suspicieux, permet néanmoins à Bérubé d'entrer dans la salle de réanimation et c'est à cet instant qu'il lui pose quelques questions. Il lui demande notamment pourquoi le corps de sa femme est dans cet état et pourquoi il a lui-même des ecchymoses au visage.

Une copine inquiète

Durant la soirée, une proche amie et confidente de Tanya Bushman, Mme Deborah Sakaitis, s'est présentée à l'urgence de l'hôpital. En effet, durant les heures précédentes, s'étant inquiétée d'être sans nouvelle de son amie avec qui elle avait l'habitude de parler tous les jours, elle a appelé les hôpitaux et, suite à une conversation avec une infirmière de l'Hôpital du Lakeshore, elle a appris que Tanya Buschman était sur place. Deborah Sakaitis s'est précipitée à l'hôpital où elle y a rencontré le docteur Kilmartin … et les policiers qui s'empresseront d'enregistrer sa déclaration qui, nous pourrons le constater plus loin, se révélera incriminante pour Michel Bérubé.

> **À propos de Deborah Sakaitis**
> Elle donne une déclaration sur vidéo au cours de la nuit du 21 novembre dans laquelle elle répète que Tanya Buschman ne peut s'être suicidée. Notons que Deborah Sakaitis rencontrera le sergent-détective Whissell et le lieutenant détective Cacchione à différentes occasions et leur apportera, à quelques reprises, des gâteaux et du café, dont une fois juste avant Noël 2002. De plus, elle téléphonera régulièrement à Whissell. Elle témoignera à l'enquête préliminaire et au procès.

Une enquête orientée dès le départ

Pour sa part, Kilmartin dresse aux policiers un compte-rendu de sa conversation avec Bérubé. Alors que les policiers s'entretiennent avec le docteur Kilmartin, leurs collègues escortent Bérubé dans une pièce attenante où il est placé sous surveillance : il ne peut quitter la pièce et doit attendre l'arrivée des enquêteurs et ce sans mandat d'arrestation et sans que l'on lui ait fait part de ses droits constitutionnels. Quoi qu'il en soit, sur la base de l'interprétation de l'urgentologue, les policiers concluent qu'il s'agit d'un homicide et orientent immédiatement leur enquête dans cette seule direction.

Michel Bérubé

Michel Bérubé est alors âgé de 36 ans. Très sociable et aimable avec ses interlocuteurs, il est sportif et s'entraine modérément. Tous les dimanches, en compagnie de Tanya, ils assistent à la messe, et souvent ils se rendent ensuite dans la famille Bérubé.

Sur le plan professionnel, il est ambitieux et travaille de longues heures. En novembre 2002, il est gérant dans un restaurant de déjeuners situé dans l'ouest de Montréal et où il était apprécié par le patron, monsieur John Dimitrakopoulos. Son but, entre autres, est d'acquérir de l'expérience dans la restauration afin de réaliser son rêve qui était d'opérer son propre restaurant.

Il devait réaliser ce projet à Calgary, ville qui connaissait alors un boom économique avec l'exploitation des sables bitumineux, ce qui créait un moment favorable pour investir dans une entreprise de restauration.

Comme nous le verrons plus loin, pendant la durée des procédures qui seront bientôt entamées contre lui, Michel Bérubé ne cessera de travailler, ayant une confiance indéfectible en la justice. Il vivra la situation avec sérénité, assuré d'être innocenté des accusations qui pourraient être portées contre lui.

Tanya Buschman
Au moment des événements, Tanya Buschman est âgée de 35 ans. Ravissante, elle attire le regard et la sympathie. Elle exerce le métier de coiffeuse et opère son propre salon de coiffure dans le sous-sol du bungalow familial. Elle a une vaste clientèle qui lui assure des revenus bruts de l'ordre de 60 000 $ par année.

Tanya Buschman a une personnalité rayonnante. Elle a beaucoup de facilité à entrer en communication avec les autres. Elle est consciencieuse et soucieuse de se présenter sous son meilleur jour. Elle s'entraine pour se maintenir en forme et attache beaucoup d'importance à l'image qu'elle projette.

Élevée de façon stricte, elle continue à fréquenter l'église à tous les dimanches. Les principes religieux sont importants pour elle, et elle vise à s'y conformer. Divorcée d'un premier mariage, elle a pour ambition de bien réussir son second mariage avec Michel Bérubé. Elle y attache beaucoup d'importance et est prête à tout faire pour que les choses aillent bien. L'opinion d'autrui en cette matière est déterminante pour elle.

Tanya Buschman est atteinte d'hypoplasie mammaire, ce qui explique l'insatisfaction qu'elle ressent face à son apparence et à son corps. Elle a donc décidé de subir trois chirurgies esthétiques d'augmentation mammaire, dont la troisième le 17 octobre 2002, un mois avant son décès. Elle avait également demandé à subir une labioplastie visant à retirer de la peau de la vulve. Comme l'a signalé une grande amie : « *Son image corporelle l'obsédait* ». Michel Bérubé l'a soutenue dans ses démarches et veillé à ce qu'elle soit prise en charge par des chirurgiens compétents. Il a pris soin d'elle après chacune de ces trois interventions et a veillé, à la demande de Tanya, à ce que ces opérations soient entourées de la plus grande discrétion. C'est ainsi qu'aucun membre de leurs familles et aucune de ses amies n'ont été mis au courant.

Le 2 novembre 2002, elle fait la rencontre de Roberto Manago, le propriétaire d'un restaurant dont elle tombe amoureuse dans l'heure. Deux semaines plus tard, ils ont décidé d'avoir un enfant, d'adopter un chien et finalement d'emménager ensemble.

Le 20 novembre 2002, le jour de son décès, les policiers découvrirent qu'elle avait ressorti ses photos de mariage ainsi que son certificat de mariage avec Michel Bérubé.

Arrestation, avec mandat cette fois
À minuit et une minute, le 21 novembre 2002, les policiers procèdent à l'arrestation officielle de Michel Bérubé. Il sera libéré 23 heures plus tard. Quant à l'enquête policière, elle se poursuivra pendant six mois, jusqu'en mai 2003 et mènera à une seconde arrestation et, cette fois, à la mise en accusation de Michel Bérubé. Emprisonné,

il sera libéré sous cautionnement cinq semaines plus tard, le 5 juillet 2003 et demeurera en liberté jusqu'au terme de son procès qui s'est déroulé du 24 janvier au 28 février 2005. Après trois jours de délibérations, le jury l'a déclaré, le 4 mars 2005, coupable de meurtre au premier degré. Il est condamné à la prison à perpétuité, sans possibilité de libération conditionnelle avant 25 ans.

Les idées préconçues du docteur Kilmartin, renforcées par les propos de madame Sakaitis, ont amené les policiers à croire dès le départ au meurtre de Tanya Buschman et à identifier Michel Bérubé comme étant le seul et unique suspect possible. De ce fait, certains aspects déterminants de l'enquête ont été négligés.

Chapitre 2
Une enquête policière biaisée dès le départ

Nous avons vu que l'urgentologue Patrick Kilmartin a immédiatement considéré la mort de Tanya Buschman comme étant une mort suspecte, voire un meutre. D'ailleurs, lors de l'examen du corps, le médecin constate qu'il y a des ecchymoses et des lésions sur le corps de Tanya Buschman. Pourtant, plusieurs de ces lésions seront ultérieurement expliquées par la pathologiste Michelle Houde comme étant des phénomènes post-mortem ou attribuables à la pendaison, même si, du point de vue de Kilmartin, Tanya Buschman avait été sauvagement battue.

Lors du procès, l'urgentologue répond d'ailleurs à cette question :
Q. – *Quelles étaient vos conclusions relativement aux blessures que portait madame, au-dessus de la pendaison? Les blessures qu'elle portait, qu'elles étaient vos conclusions à vous?*
R. – *Elle avait l'air que, qu'elle avait été sévèrement tabassée et les blessures qu'elle avait sur son corps étaient le résultat d'un tabassement, tabassage c'est ça.*

> **À propos de Michelle Houde, médecin spécialisée en anatomo-pathologie**
> Elle est pathologiste au Laboratoire de sciences judiaires de médecine légale de Montréal. Elle n'est pas accréditée. Elle a effectué l'autopsie de Tanya Buschman.

Peu après son témoignage au procès de Michel Bérubé, le gouvernement du Québec nomme la docteure Houde coroner permanent, le 14 décembre 2005, son entrée en fonction est fixée au 6 mars 2006. *Le Curriculum vitae* qui accompagne le communiqué de presse annonçant sa nomination mérite d'être examiné. En effet, il y est indiqué qu'elle est pathologiste depuis 1998 alors que dans son CV de 2003, déposé le 10 février 2005, il est fait mention d'une « formation » en pathologie judiciaire de 1998 à 2000, dans la rubrique « Études, diplômes et certificats ». De plus, dans le

CV de 2005, il est indiqué qu'elle était pathologiste judiciaire de 1987 à 1989, alors que dans celui de 2003, il est bien inscrit dans la rubrique « Titres et fonctions » : « 1987-88 aspirant pathologiste judiciaire ». Dans celui de 2005, elle inscrit être coroner à temps partiel de 1989 à 1992, tandis que dans celui de 2003, elle est coroner investigateur à temps partiel au cours de l'année 1989-1990. Comment expliquer ces grandes différences en matière professionnelle entre les deux *Curriculum vitae* ?

Des informations erronées
Selon le docteur Kilmartin, Tanya Buschman avait des marques au niveau de la vulve, ce qu'il a interprété comme étant probablement la conséquence d'une agression sexuelle. Pourtant, cette interprétation sera mise à mal dès le lendemain, lors de l'autopsie. En effet, le sang que l'urgentologue avait noté était en fait la conséquence normale de la suspension du corps ainsi que de la fragilité des tissus de la vulve consécutive à une chirurgie plastique récente et non d'une agression. Il en est de même de l'interprétation des marques sur l'ensemble du corps, qu'il a attribué au fait que Tanya Buschman avait été sauvagement battue. Évidemment, ces informations erronées ont contribué à conforter dès le début les policiers dans leur hypothèse du meurtre.

Cette interprétation relative à l'agression sexuelle est d'autant plus surprenante que le coroner Marcel Clément, qui s'est rapidement rendu sur place, a eu immédiatement accès au dossier médical de Tanya Buschman puisqu'elle avait été opérée à l'Hôpital du Lakeshore. Or, le docteur Kilmartin n'était manifestement pas informé des opérations subies par Tanya Buschman. Aurait-il négligé de consulter son dossier médical avant de tirer ses conclusions hâtives ?

Aucune compétence en cette matière
Lors du procès, nous verrons que le juge Réjean Paul a déclaré Kilmartin expert, lui permettant ainsi de faire part de son opinion sur l'heure de la mort aux membres du jury et ce malgré le fait qu'il

n'ait aucune compétence en cette matière comme il le reconnaitra lui-même par la suite.

La meilleure amie
Il a été fait mention précédemment de la venue de Deborah Sakaitis, à l'hôpital, où elle s'est présentée entre 20h30 et 21h00. Considérée comme la meilleure amie de Tanya Buschman[3], elle a certainement contribué à soutenir les prétentions du docteur Kilmartin. En effet, selon Madame Sakaitis, Tanya Buschman n'était pas suicidaire, au contraire et manifestait constamment une joie de vivre communicative. Ses propos ont renforcé la conviction des policiers, qu'ils avaient affaire à un meurtre.

Les policiers ont négligé d'informer le suspect de ses droits
Étant donné que le docteur Kilmartin considérait la mort de Tanya Buschman comme suspecte, il a fait part aux policiers de ses constatations ainsi que de sa conversation avec Bérubé. Ainsi, les policiers, avant même de débuter l'enquête, considéraient déjà qu'il s'agissait d'un meurtre et que Michel Bérubé était le principal sinon l'unique suspect.

En effet, dès l'arrivée des policiers à l'hôpital, Michel Bérubé n'était plus libre de quitter les lieux. La policière Julie Harvey, en charge de la surveillance constante de Bérubé et des exhibits recueillis par les policiers déclarera lors d'une audience au cours du procès, hors de la présence du jury (le voir-dire[4]), que son mandat était de surveiller et contrôler Michel Bérubé. Bérubé a aussi été interrogé par les enquêteurs Paul Caluori et Daniel Killens pendant cette surveillance,

---
3 Mention indiquée dans les notes personnelles du sergent-détective Whissell, à 1h40 le matin du 21 novembre 2002, p. 8.
4 Le voir-dire est défini comme un interrogatoire, hors la présence du jury, s'il y en a un, qui a « *pour but d'établir le caractère volontaire d'un aveu fait par un accusé à un agent de police* ».

sans même avoir été au préalable informé de ses droits, dont celui de contacter un avocat[5].

« Une idée toute faite, dès le départ »
Lors du procès que subira Michel Bérubé quelques mois plus tard, suite à une question de l'avocat de la défense portant sur l'état d'esprit avec lequel les policiers travaillaient, et plus particulièrement le sergent-détective Guy Bessette, ce dernier a répondu ce qui suit à la question

Q. – *Vous, on vous rapportait des informations qui pouvaient croire que c'était un suicide, vous laisser croire que c'était un suicide et on vous rapportait des informations qui vous menaient à vous interroger si ce n'était pas un homicide, c'est exact? Vous aviez des informations des deux ...*
R. – *J'avais des informations de mort suspecte, que l'appel est rentré par l'hôpital, le médecin a trouvé ça suspect parce que la façon que la victime est arrivée à l'hôpital, avec le lien toujours au cou, ça, c'est une information qu'on m'a transmise directement. Ce n'est pas normal. Et à partir de là, il y avait certaines blessures au niveau de la victime qui laissaient douter.* **Les** *premiers policiers qui sont arrivés sur les lieux ont recueilli certaines informations de votre client, et suite à ça, notre analyse que – nous a laissé croire que ce n'était plus une mort suspecte mais c'était qu'on la considérait dès lors, vers les minuits, peut-être 12h30, juste un peu avant l'arrestation de monsieur, comme un homicide. Avant même d'avoir couvert la scène à la maison. Avec les informations que*

---

5 Le sergent-détective Michel Whissell a rencontré la pathologiste Michelle Houde, le 9 janvier 2003 entre 14h20 et 15h40, et lui aurait fait part de la « version du suspect » à propos des évènements (dans le « Résumé des échanges sur un dossier » du Dre Houde). Cela confirme notre hypothèse à l'effet que Michel Bérubé a été formellement interrogé avant son arrestation officielle à minuit une, le 21 novembre. Nous savons que Bérubé n'a pas parlé lors des interrogatoires effectués durant la journée du 21 novembre 2002.

nous avions à l'hôpital, on était hors de tout doute, convaincu qu'il s'agissait – on était en face d'un cas d'homicide[6].

À propos de **Guy Bessette, sergent-détective, matricule 0203**
Il est l'enquêteur responsable de la scène de crime. Il reçoit un appel vers 21h30 de son superviseur pour aller enquêter à propos d'une mort suspecte à l'Hôpital Lakeshore. Il passe la journée du 21 novembre à la résidence du couple Bérubé et Buschman.

Hors de tout doute ?
En droit, l'expression « hors de tout doute » signifie la conviction de la culpabilité d'un accusé. L'emploi de cette expression de la part du sergent-détective Bessette confirme sa conviction de la culpabilité de Michel Bérubé et ce avant même son arrestation « officielle » et sans même avoir jeté un coup d'œil sur la scène de crime.

D'ailleurs devant cette réponse inattendue et très surprenante, le juge de l'enquête préliminaire est intervenu dans ces termes :
Q. – *On n'est pas devant jury mais c'est une expression qu'il ne devrait peut-être pas utiliser.*
R. – *C'est très rare qu'on témoigne pour la défense en partant.*
Q. – *Ça vous déstabilise.*

« Pour moi, c'était un homicide »
Le sergent-détective Bessette a poursuivi son témoignage en déclarant, hors de la présence du jury, à l'occasion du voir-dire :
R. *Et on va traiter la scène en tant que telle comme un homicide, oui, pas en tant que suicide. C'est pour ça qu'on prend les dispositions nécessaires.*
Q. – *O.K., vous aviez déjà écarté vous-même, avant d'arriver sur les lieux le matin, que ça pouvait être un suicide, est-ce que c'est ce que je dois comprendre de vos dernières réponses?*
R. – *Bien les éléments que l'on avait obtenus de votre client, versus qu'est-ce qu'on avait à notre présence à l'hôpital, tout nous portait*

---
6 Les soulignés sont de l'auteur.

à croire que c'était un homicide. Et c'est pour ça qu'il a été mis en état d'arrestation immédiatement.
Q. – Je comprends. Mais ma question c'est est-ce que vous aviez déjà écarté que ça pouvait être un suicide quand vous commencez à examiner la scène ? Vous n'avez pas ça à l'esprit que ça pourrait être un suicide, si je comprends bien ? J'essaie d'analyser votre état d'esprit au moment où vous faites l'examen de la scène.
R. – J'étais peut-être fatigué mais – non, lorsque je fais la scène, c'est je l'ai traitée comme un homicide, point. Pour moi, c'était un homicide, c'était classé comme un homicide dans ma tête, parce qu'avec les informations que j'avais, que je ne peux pas dévoiler parce que ça mettrait peut-être en péril le procès devant jury, parce que ça va arriver, mais ...
Q. – Il y a une ordonnance de non-publication.
R. – ... ici, lorsque moi j'ai ces informations-là, il y a une décision qui a été prise, avec Michel Whissell (enquêteur principal), et monsieur Michel Bérubé a été mis en état d'arrestation. Dès lors, la scène qui va être couverte comme un homicide. Et même, dans un même cas, si ça aurait été un suicide, parce que souvent, on va aller sur des scènes où est-ce que c'est un suicide, on va la traiter comme un homicide, dans la même rigueur de notre travail.[7]

« Nous enquêtons sur le meurtre de Tanya, O.K. ? »
Au procès en 2005, le sergent-détective Bessette a confirmé que dès le départ, il s'agissait, selon lui, d'un homicide :

Q – *OK. Vous en fait, quand vous étiez sur la scène, vous considériez que c'était un homicide, n'est-ce pas ?*
R – *Oui.*

D'ailleurs, le lieutenant détective Jimmy Cacchione enquêtait pour un homicide avant même que ses subalternes se rendent sur la scène

---

[7] Les soulignés sont de l'auteur.

de crime. En effet, à 2h48, le matin du 21 novembre, il a déclaré à Deborah Sakaitis : « *Nous enquêtons sur le meurtre de Tanya, O.K. ? »*[8].

L'idée préconçue ou la vision tunnel, c'est-à-dire la thèse unique de l'homicide dans ce cas-ci, découle certainement des informations transmises dès le départ aux policiers par le docteur Kilmartin et madame Sakaitis, celles-ci ayant orientées définitivement l'enquête sur une seule hypothèse : le meurtre.

> **À propos de Jimmy Cacchione, lieutenant détective, matricule 4151**
> Il est enquêteur à la section des homicides au moment de l'événement. Il est impliqué dans l'enquête vers 23h15, le 20 novembre 2002. Il a la responsabilité d'interroger certains témoins tels que Deborah Sakaitis (le 21 novembre 2003, à 2h48 du matin), Marjolaine Pelletier et Daniel Arns. Il procèdera à la perquisition d'un document placé dans l'urne de Tanya Buschman par Michel Bérubé à ses funérailles. Il a reçu les exhibits le 29 novembre 2002, dont la corde qui se trouvait au cou de Tanya Buschman, le 20 novembre 2002. Le 9 janvier 2003, il se rendra à l'Hôpital Lakeshore, avec Whissell, pour faire refaire les nœuds de la corde par le docteur Kilmartin. Comme nous le verrons plus loin, il a aussi eu la tâche de vérifier les dires de deux témoins indépendants, le dentiste Yvan Gauvin et son assistante, sans pour autant enregistrer de déclarations écrites de leur part.

Des problèmes au niveau des organes génitaux
Selon le sergent Archambault, dès son arrivée sur les lieux, il *« soupçonnait à ce moment-là qu'il y avait pu y avoir des contacts sexuels quelconques, il semblait y avoir des problèmes au niveau des organes génitaux »*. Évidemment, cette information provient directement du docteur Kilmartin, information importante et cruciale dans le contexte, qui s'est révélée totalement fausse dès le lendemain matin, lors de l'autopsie. Or, les résultats de l'autopsie, contredisant

---
8 Notre traduction de « We're investigating the murder of Tanya, okay ? ». Extrait de la transcription de la déclaration sur vidéo de Deborah Sakaitis.

la conclusion hâtive de l'urgentologue Kilmartin sur ce point précis, n'ont pourtant pas amené les policiers à reconsidérer leur hypothèse, en fait leur conviction, qu'ils enquêtaient sur un meurtre et non pas sur un suicide.

Un noeud « reconstitué »
Lors de leur enquête, les policiers ont poussé leur investigation, sept semaines après le décès, sur le nœud ayant étranglé celle qu'ils considéraient « hors de tout doute » comme étant une victime de meutre. C'est ainsi que lors de l'audience du voir-dire devant la cour, le sergent Jean Archambault a déclaré avoir informé les enquêteurs que la façon dont le nœud était fait suscitait un questionnement : *« oui, je leur ai dit que, selon le docteur Kilmartin, ce qu'il nous avait dit, que le nœud et la façon que c'était attaché, qu'une personne elle-même aurait eu de la difficulté à se faire ça ».*

Le nœud et l'urgentologue
Notons que le nœud a été défait par l'urgentologue Kilmartin lors de son examen du corps de Tanya Buschman. Il est donc étonnant que les policiers aient attendu jusqu'au 9 janvier 2003, soit sept semaines plus tard, pour lui demander de refaire le nœud, tel qu'il devait être selon son souvenir. Il est évident qu'il aurait été beaucoup plus facile de tenter une telle démarche dans les heures suivantes. Pourquoi les policiers n'ont-ils pas eu ce réflexe ? On peut d'ailleurs se poser la même question à propos du coroner, le docteur Marcel Clément, qui est arrivé sur les lieux vers 18h35. Le docteur Clément devait savoir qu'il est impérieux de garder le nœud intact lors d'un décès par pendaison afin de pouvoir en faire l'analyse. Pourquoi n'a-t-il pas fait cette demande au docteur Kilmartin, puisqu'il était l'officier de justice responsable au départ ? Mentionnons également qu'après un entretien avec le docteur Kilmartin et un bref examen du corps, il a dit que le cas, considéré comme une mort suspecte, ne relevait plus de lui, mais du coroner de la ville de Montréal.

La pathologiste Michelle Houde qui a procédé à l'autopsie, a confirmé que l'homicide était *« leur hypothèse de départ pour leur travail »* selon les propos qui lui ont été rapportés par le sergent Pierre Lasnier, prêté par la GRC pour assister les policiers du Service de police de la ville de Montréal.

> **À propos de Pierre Lasnier, sergent, matricule 36101**
> Il est enquêteur à la section des crimes majeurs, prêté par la GRC. Il interroge certains témoins dont Michel Bérubé, Andrea Cadotte, Anita Mann, Linda Tardif, Il assiste à l'autopsie et informe la docteure Houde qu'il y a « *évidence de dispute dans la chambre à coucher* », alors que les policiers sur place ne l'ont pas remarqué.

Par ailleurs, le sergent-détective Michel Whissell a contacté le coroner Marcel Clément, le 26 novembre 2002, qui lui a réitéré qu'il s'agit d'un meurtre.

> **À propos de Michel Whissell, sergent-détective, matricule 1490**
> Il est l'enquêteur principal, section des crimes majeurs. Il dirige le poste de commandement situé à proximité de la résidence de la rue Cypihot. Sachant que des appels téléphoniques ont été fait au cours de la journée du 20 novembre 2002, il ne s'assure pas que le répondeur soit saisi par le policier Bessette. Il ne fait pas le suivi des demandes placées auprès de ses subalternes comme celle de vérifier les dires du dentiste Yvan Gauvin et de son assistante, Lucille Gauvin, des témoins indépendants dont les témoignages disculpent Michel Bérubé.

En détention illégale

Nous savons que dès l'arrivée des policiers, Michel Bérubé n'était plus libre de se déplacer puisqu'il était constamment sous surveillance policière, et ce à la demande des enquêteurs. En fait, Bérubé se trouvait détenu, sans mandat. Cette manière de faire s'inscrit dans le processus de l'enquête telle qu'elle a été menée. D'ailleurs sa détention s'inscrit tout à fait dans la définition retenue par le Comité de déontologie : « *lorsqu'un policier restreint la liberté d'un individu, policier ou non, et que ce dernier croit raisonnablement ne pas pouvoir quitter les lieux, il y a détention* », et si l'on se réfère au jugement de la Cour du Québec, celle-ci est illégale. De fait, aucun des policiers qui ont assuré la garde et l'interrogatoire de Bérubé, dans la soirée du 20 novembre 2002, n'a cru bon de s'interroger sur la légalité de leurs actions, puisqu'ils avaient reçu des ordres précis de la part des enquêteurs, leurs supérieurs hiérarchiques. Michel Bérubé était donc en état d'arrestation illégale et a subi un interrogatoire sans que ses droits constitutionnels lui aient été signifiés et par le fait même respectés.

Chapitre 3
Les témoins

Nous savons que Tanya Buschman projetait une image plus que positive auprès de son entourage. Toutes ses amies ainsi que ses clientes la considéraient comme un modèle d'épanouissement et de joie de vivre. Pourtant, il y a lieu de souligner que Tanya Buschman était extrêmement discrète sur sa vie personnelle et sa vie privée, puisque même Deborah Sakaitis, qui se considérait pourtant comme étant sa meilleure amie, ne savait même pas qu'elle avait subi trois interventions de chirurgie esthétique des seins et une de la vulve.

Des « témoins » qui se manifestent spontanément
Il n'y a pas de témoins oculaires directs dans l'affaire Bérubé. Par contre, il y a eu plusieurs déclarations signées par des personnes qui ont entretenu des rapports amicaux ou professionnels avec Tanya Buschman.

En consultant la liste des personnes qui ont contacté les policiers de leur propre initiative, on constate que le décès de Tanya Buschman a eu un impact certain sur ses amies et ses clientes. Il est vraisemblable que certaines d'entre elles se soient concertées et aient discuté de leur point de vue sur l'affaire. Quoi qu'il en soit, plusieurs témoins se sont manifestés auprès des enquêteurs :

> Ainsi, le jeudi 21 novembre 2002, vers 19h30, **Roberto Manago**, l'homme dont Tanya Buschman était tombée follement amoureuse, contacte la police, mais le sergent-détective Michel Whissell n'a pas le temps de lui parler. Il rappelle le 22 novembre 2002, vers 15h00 selon les notes personnelles du sergent-détective Whissell.

> Le 21 novembre 2002, **Hélène Cayer** téléphone à la police pour faire part de ce qu'elle avait à dire. En fait, elle n'avait rien de pertinent à dévoiler. Un rapport complémentaire a été rédigé par la constable Ginette Noël.

Le 21 novembre 2002, vers 11h40, le sergent-détective Whissell rencontre **Nadine Grégoire** qui lui déclare que Tanya Buschman *« ne pouvait se suicider »*.

Le 21 novembre 2002, vers 18h50, **Lynn Brown** contacte le sergent-détective Whissell. Elle n'avait pourtant rien de pertinent à révéler et ne sera d'ailleurs pas appelée à témoigner lors du procès.

Le 22 novembre 2002, **Christiane Leblanc**, une cliente, se présente aux policiers. *« La raison que j'ai passé au poste, c'est que je ne croyais pas que Tanya s'était suicidée »*. Elle témoignera lors de l'enquête préliminaire, mais ne sera pas convoquée au procès.

Le 25 novembre 2002, **Carole Hegg** contacte les policiers.

Le 26 novembre 2002, vers 13h20, **Linda Tardif** contacte la police selon les notes personnelles du sergent-détective Whissel. Elle n'a absolument rien à dire par rapport aux faits. Pourtant, le sergent Pierre Lasnier a recueilli une déclaration écrite, le 8 août 2003. Elle témoignera lors du procès.

Le 26 novembre 2002, **Carole Heeg** rappelle le sergent-détective Whissell pour lui répéter ce qu'elle lui a déjà dit la veille.

Le 26 novembre 2002, **Josée Duplessis** contacte les policiers. Le sergent Carrier rend compte de ses propos. Elle ne connaît pas Tanya Buschman mais, fait étrange, elle sera pourtant appelée à témoigner lors de l'enquête préliminaire ainsi qu'au procès.

Le 18 décembre 2002, **Hélène Babouras** contacte les policiers pour les informer qu'elle est une cliente de Tanya Buschman et qu'elle *« ne croit pas au suicide »*. Elle n'a absolument rien à dire par rapport aux faits selon les notes personnelles du sergent-détective Whissell. Elle ne sera pas invitée à témoigner.

Le 16 janvier 2003, vers 15h30, **Carole Tymchuk** contacte les policiers. Quelques minutes plus tard, vers 15h40, l'ex-conjoint de Tanya Buschman (son premier mari), contacte également les policiers selon les notes personnelles du sergent-détective Whissell.

Andrea Cadotte « *a demandé à la famille (Nell Buschman) de donner (s)on nom, (s)on numéro de téléphone* » à la police, ainsi qu'à Nadine Grégoire, et ce avant Noël. Comme elle n'a pas eu de nouvelles de la police, elle prend l'initiative de téléphoner aux policiers le 5 février 2003. Six mois plus tard, le 6 août 2003, le sergent Pierre Lasnier ira enregistrer une déclaration écrite à sa résidence.

Le 6 février 2003, une dame, dont les initiales sont D. P., a contacté le sergent-détective Whissell et lui dit qu'elle est une amie de Tanya Buschman et de Michel Bérubé et que celui-ci l'a mise au courant du décès de Tanya, le 6 décembre précédent. Elle trouve bizarre le fait qu'il lui aurait dit que Tanya « *se préparait à déménager et qu'elle se sentait bien* ».

Enfin, **Olga Wozniak** a contacté les policiers à une date non précisée, parce qu'elle pensait qu'elle pourrait être utile à l'enquête policière puisqu'elle s'est rendue chez Tanya Buschman le 20 novembre 2002, vers 16h55. Pierre Lasnier enregistre une déclaration écrite le 13 août 2003. Elle ne sera pas invitée à témoigner.

Les petits gâteaux de Deborah Sakaitis
Il y a lieu de rappeler que la « meilleure amie » de Tanya Buschman, Deborah Sakaitis, a apporté, à quelques reprises, des gâteaux et du café aux policiers, dont une fois juste avant Noël. Elle y rencontre Whissell et Jimmy Cacchione à ces occasions. De plus, elle téléphone régulièrement au sergent-détective Whissell. Elle veut, entre autres, savoir ce qu'il arrive à propos de la tenue d'un procès. Whissell l'appelle également à quelques reprises.

Chapitre 4
Une perception qui varie considérablement

D'un témoin à un autre
« *La mémoire est parfois défaillante et perméable aux diverses influences extérieures ; la rumeur aidant, la perception que l'on a des choses ou des événements peut être sensiblement altérée* »[9]. Cette remarque de la part du Commissaire enquêteur chargé d'étudier, dans une toute autre affaire survenue en 1977 et portant sur la mort de messieurs Achille Vollant et Moïse Régis, s'applique tout à fait dans le dossier de Michel Bérubé. En effet, si nous examinons les témoignages de Madame Nell Buschman, la mère de Tanya Buschman, lors de l'enquête préliminaire et au procès, nous constatons un phénomène d'influence.

Nell Buschman
Lors de l'enquête préliminaire en janvier 2004, Madame Buschman, la mère de Tanya, déclare à propos des projets de Michel Bérubé à Calgary : « *Vraiment, je ne les connais pas* ».

Au procès, un an plus tard, à la question :
Q. – *Et à l'égard de son mari, Michel Bérubé, que devait-il faire à Calgary, **selon ce que Tanya vous a dit** ?*
Elle répondra :
R. – *Alors, ils espéraient qu'ils auraient pu ouvrir un restaurant pour les petits déjeuners comme celui dans lequel il travaille maintenant*[10].

Carole Tymchuck
Pour sa part, Carole Tymchuck, a répondu à la question concernant son type de relation avec Tanya Buschman, lors de l'enquête

---

9 Yvon Roberge. *Rapport*. Québec, Commission d'enquête sur les événements entourant les décès de messieurs Achille Vollant et Moïse Régis survenus en 1977. Québec, 1998, iii + 229p.
10 Nous avons traduit les propos de Madame Nell Buschman tenus à l'enquête préliminaire : *I really don't know*. Nous sommes l'auteur du souligné.

préliminaire : « *J'étais une de ses clientes* »[11]. Et lors du procès : « *Au début, j'étais cliente, et par la suite on est devenue des copines qui se voyaient à l'occasion* ». Pourtant dans ses témoignages, elle ne fait référence à aucune rencontre autre que professionnelle, contrairement à d'autres témoins.

Francine Dussault

Dans une déclaration du 21 août 2003, Francine Dussault écrit : « *Lorsque la cliente suivante est arrivée, qu'elle (sic) n'était pas notre stupéfaction de réaliser que Michel était dans la maison. Nous ne l'avions pas entendu rentrer. Il avait l'air d'un homme qui avait entendu notre conversation (son regard) ... elle (Tanya Bushman) en avait peur* »[12].

Au procès, elle donne les réponses suivantes :
Q. – *Vous dites que vous avez vu à un moment donné Michel Bérubé dans la maison.*
R. – *Oui ... Tu montes les marches. Quand tu ouvres la porte, il était là. Il était juste dans la section de la cuisine. Il était là puis la madame était juste à côté.*
Q. *C'est qui cette madame-là ? La connaissez-vous ?*
R. *C'est une cliente. Non.*
Q. *Et, quelle a été sa réaction à lui ?*
R. *Bien là, c'était nos regards. On s'est regardé puis, je ne sais pas, j'ai eu le feeling que ses yeux me disaient je sais qu'est-ce que vous avez parlé.*
Q. *Puis Tania, sa réaction à elle ?*
R. *Bien, elle était nerveuse. Je ne sais pas, j'ai eu le feeling, moi, qu'il savait de quoi on avait parlé.*

Le témoin suivant est la cliente en question, madame Carole Haig. Voici ce qu'elle expose relativement à ce moment :

---

11 Notre traduction de *I was one of her clients*.
12 Les soulignés sont de l'auteur.

Q. – *Le 16 novembre d'abord, c'est la date qui m'intéresse, vous aviez rendez-vous et vous êtes arrivé en même temps que Michel Bérubé à la résidence ?*
R. – *Exact.*
Q. – *Vous et Michel Bérubé avez fait des blagues au moment où vous vous êtes vus. C'est exact ?*
R. – *Oui, on blaguait pendant qu'on entrait dans la maison.*
Q. – *À ce moment-là, il a été fait mention que Tanya était nerveuse du déménagement à venir. C'est exact ?*
R. – *Oui, elle était anxieuse, un peu nerveuse parce qu'elle avait peur d'avoir pris la mauvaise décision.*
Q. – *Ça, vous l'avez su d'elle ? C'est elle qui vous a dit ça ?*
R. – *Oui.*
Q. – *Michel était là également à ce moment-là ?*
R. – *Michel disait que Tanya était inquiète pour son sofa. Elle avait peur qu'il soit endommagé durant le déménagement et Michel disait qu'il allait prendre (inaudible).*
Q. – *Les deux avaient l'air contents et blaguaient ?*
R. – *Oui, ils étaient dans la cuisine, ils riaient.*
Q. – *Ils avaient l'air content, heureux ?*
R. – *Ils avaient l'air heureux, contents.*

Ces deux témoignages montrent combien la perception des choses peut varier considérablement d'une personne à l'autre.

Nous savons que Deborah Sakaitis et Roberto Manago se sont parlés durant le procès, puisque l'avocat de la défense interroge Manago à ce sujet :

Q – *Depuis que vous avez rencontré les policiers, le 26 novembre, vous avez rencontré madame Deborah Sakaitis à quelques occasions, c'est exact?*
R – *Exact.*
Q – *Avez-vous parlé de votre témoignage à la Cour avec elle?*
R – *Hum...*

Q – *Ce qu'on vous avait posé comme questions...*
R – *Depuis deux ans, j'ai vu Debbie je pense une fois ou deux fois, maximum. On a jamais vraiment parlé du témoignage. La seule fois que j'ai parlé du témoignage c'est il y a deux ans puis Debbie, elle m'a dit (inaudible), ça ne faisait pas si longtemps[13].*

D'ailleurs, cette influence réciproque est évidente si l'on compare leurs différents témoignages avant et durant le procès.

À propos de Roberto Manago, l'amoureux de Tanya Buschman
Propriétaire d'un restaurant à Kirkland, il rencontre Tanya Buschman pour la première fois le 2 novembre 2002. Très rapidement, Tanya Buschman et Manago envisagent d'emménager ensemble dans la nouvelle maison que Manago se fait construire. Il contacte les policiers dès le 21 novembre 2002, vers 19h30 et donne une déclaration le 26 novembre. Il témoigne à l'enquête préliminaire et au procès.

Quand la magie opère
Manago, dans ses trois témoignages, met beaucoup d'emphase sur l'attraction immédiate entre Tanya Buschman et lui. Deborah Sakaitis ne donne qu'une brève description de leur rencontre au voir-dire le 12 janvier 2004, alors qu'au procès en 2005, elle insistera elle aussi sur la forte attirance entre Roberto et Tanya:

R. – ... *Là, on a commencé à parler puis tout de suite, c'était comme la magie. Il y avait beaucoup de chimie entre les deux. Puis...*
Q – *Entre qui?*
R – *Entre Roberto et Tanya. ...*
Q – *Ah! Vous dites tout de suite, là, il y avait beaucoup de chimie entre les deux.*

---

[13] Roberto Manago parle de la date à laquelle il a rencontré Tanya Bushman pour la première fois. À l'enquête préliminaire, il croit qu'il connaissait Tanya Bushman depuis le milieu octobre, alors que ce n'était que depuis le 2 novembre 2002.

R – *Tout de suite. Tout de suite, pshtt, ça s'est mis ensemble puis ils ont commencé parlés. Lui était collé à côté d'elle. Lui partait des fois pour faire des affaires mais il venait. Puis c'était évident il voulait parler à Tania.*
Q – *Puis comment qu'ils se comportaient l'un envers l'autre, là?*
R – *Il y avait de la magie. Ils avaient les yeux brillants tous les deux.*

L'étrange comportement d'une témoin
Deborah Sakaitis est le témoin le plus étonnant dans cette affaire. En effet, tel que mentionné précédemment, elle s'est rendue à plusieurs reprises dans les bureaux des policiers, leur offrant des petits gâteaux, des biscuits et du café, en son nom et au nom de la famille Buschman. Les policiers ne semblent pas avoir entretenu un rapport strictement professionnel avec ce témoin, selon son témoignage à l'enquête préliminaire.

Chapitre 5
Des témoignages disculpant l'accusé

> « ,,, une personne innocente peut,
> à cause d'une négligence de la police, faire l'objet d'une enquête,
> d'une arrestation, puis d'un emprisonnement ».
> (Cour suprême du Canada)[14]

Au XIXe siècle, les auteurs Laillier et Vonoven (1897)[15] soulignaient le traitement différentiel accordé aux témoins selon qu'ils soient des témoins à charge, c'est à dire de la Couronne, favorables à l'accusation, ou à décharge, c'est à dire convoqués par la défense. Les premiers étant « *traités avec la considération due à des collaborateurs* ». Ils considéraient cette distinction comme « *contraire à l'intérêt de la vérité. Les témoins de bonne foi, qui tiennent leur serment d'entière sincérité, ne sont ni pour, ni contre l'accusé* ». Force est de constater que ceci s'applique dans le cas de l'accusé Michel Bérubé.

Absence étonnante de certaines déclarations écrites
Il est pour le moins surprenant que les trois témoins neutres, indépendants et non concernés personnellement par l'affaire Michel Bérubé, soit Mario Mambro (il a pris les arrangements nécessaires pour que le véhicule de Tanya Buschman soit transporté à Calgary), Lucille Gauvin (hygiéniste dentaire) et Yvan Gauvin (dentiste de Michel Bérubé) soient les seuls témoins à qui l'on n'ait pas demandé de déclaration écrite. Voyons comment l'enquêteur principal, le sergent-détective Whissell, considère ces témoignages.

Q. – *Est-ce que je comprends que vous n'avez jamais parlé au dentiste Yvan Gauvin et à sa dame, madame Lucille Gauvin ?*

---
14 *Hill c. Commission des services policiers de la municipalité régionale de Hamilton-Wentworth*, [2007] 3 RCS 129, 2007 CSC 41 (CanLII).
15 Maurice Laillier et Henri Vonoven. *Les erreurs judiciaires et leurs causes*. Paris, Pédone, 1897, xii + 580p.

R. – *J'avais demandé à monsieur Cacchione, je crois, je ne suis pas sûr, de faire des vérifications avec le dentiste pour connaître si monsieur Bérubé avait un rendez-vous cet après-midi là et cette information me fut retournée comme quoi c'était positif.*
Q. – *O.K. Mais vous-même, personnellement, vous avez jamais parlé à ces gens-là. C'est exact ?*
R. – *Non. J'avais donné la commande de le faire.*
Q. – *Et vous-même, vous n'avez pas vu de déclaration prise de ces témoins-là par la police. C'est exact ?*
R. – *C'est exact.*
Q. – *Il n'y a pas de déclaration prise par les policiers de ces deux témoins-là, n'est-ce pas ?*
R. – *C'est ça. On ne prend pas toujours de déclaration de tout le monde impliqué dans le dossier.*
Q. – *C'est exact de dire que vous-même vous n'avez pas parlé à monsieur Michel Verrall*[16] *?*
R. – *J'avais laissé un message pour qu'il nous rappelle, mais je ne lui ai jamais parlé à ce monsieur-là.*
Q. – *De la même façon, c'est exact de dire que vous n'avez jamais parlé à monsieur Mario Mambro ?*
R. – *Non, c'est exact.*

À propos de **Mario Mambro, gérant répartiteur chez Searail**
Le 15 novembre 2002, Mario Mambro reçoit un appel de *Prince Moving* concernant le transport à Calgary de l'auto de Tanya Buschman. Suite à cet appel, il communique avec elle et ils prennent rendez-vous pour le 21 novembre en vue de la cueillette de l'auto. Le 20 novembre, il confirme le rendez-vous avec Tanya Buschman. Le sergent-détective Pascal Leclair le contactera une première fois, le 28 novembre 2002. Par la suite, il le contactera encore à cinq ou six reprises, toujours par téléphone, pour finalement rédiger

---

16 Michel Verrall a donné une déclaration orale le matin du 21 novembre 2002, lorsqu'il s'est rendu à la demeure de Tanya Buschman pour y prendre possession de son véhicule. Elle est consignée dans un rapport complémentaire de Stéphanie Morin et Marie-Ève Tufano.

un rapport complémentaire les 12 et 13 mars 2003. Le sergent-détective Pascal Leclair omet de rencontrer le témoin Mambro pour prendre une déclaration comme cela aurait dû être fait. Il s'agit d'un témoin indépendant.

Un témoignage disculpant Michel Bérubé

Le sergent-détective Pascal Leclair a eu pour mandat de contacter Mario Mambro afin de recueillir son témoignage, que l'on peut considérer comme crucial, puisqu'il disculpe Michel Bérubé. En effet, M. Mambro déclare qu'il a parlé à une dame, vraisemblablement Tanya Buschman, entre 11h45 et 14h00, le 20 novembre 2002, dans le cadre de son travail, afin de s'assurer de la présence de Tanya Buschman à son domicile, le 21 novembre, pour que sa compagnie puisse prendre livraison de sa voiture.

> À propos de **Pascal Leclair, sergent-détective, matricule 4496**
> Policier responsable de l'enquête de remise en liberté. Le 13 mars 2003, il rédige un rapport suite à une vérification demandée par le sergent-détective Whissell auprès de Mario Mambro, dont les informations fournies disculpent Michel Bérubé. Il ne les a jamais vérifiées. Il n'a pas pris de déclaration écrite de ce témoin indépendant.

Le policier Leclair témoigne à l'effet qu'il a contacté Mario Mambro, à plusieurs reprises (cinq à sept fois) et que le 12 mars 2003, il a rédigé un rapport sur son entretien téléphonique avec lui. Une partie de son témoignage est particulièrement intéressante.

Q. – *Monsieur Mario Mambro, vous lui avez parlé combien de fois, je ne me limite pas seulement au douze (12) mars 2003, là, mais dans le cadre de votre enquête vous avez pu lui parler combien de fois ?*
R. – *Approximativement cinq, six, sept reprises, ou approximativement ça.*
...
Q. – *Monsieur Leclair, après votre appel avec monsieur Mario*

Mambro, est-ce que vous êtes vous-même allé rencontré ce témoin-là pour prendre une déclaration de celui-ci, déclaration signé de sa main ?
R. – *Non.*
Q. – *Est-ce que ... vous avez informé le sergent-détective Whissel de ce que le témoin vous avait dit ?*
R. – *Oui.*
...
Q. – *À la suite de ce que ce témoin-là vous avait déclaré, avez-vous effectué d'autres vérifications pour vérifier l'exactitude ou non de ce que ce témoin avait pu vous déclarer ?*
R. – *Non.*

Un témoin qui disculpe Michel Bérubé
Voici le paragraphe du rapport du sergent-détective Pascal Leclair relatif aux propos de monsieur Mambro, tenus le 12 mars 2003, vers 17h10 : « *Selon ses dires, c'est lui qui a reçu la référence de Prince Mooving. Il dit l'avoir reçu le 15 novembre, et avoir aussitôt appelé la dame Tanya en confirmant qu'il parlait bien à Tanya. Selon sa mémoire, il aurait rappelé Tanya la veille de la date de Pick-up (le 20 novembre) pour confirmer pour le lendemain. Il dit avoir appelé entre 12h00 et 15h00, car il a l'habitude d'appeler entre ces heures-là (sic) pour confirmer les commandes du lendemain. Bien qu'il n'ait pris aucunes notes (sic) de ses conversations avec Tanya, il dit se souvenir de lui avoir parlé directement deux fois* ». Ces propos sont consignés dans son Rapport complémentaire signé le 13 mars 2003 et de surcroît vérifié par le lieutenant détective Steve Roberts, le même jour.

À propos de Stephen (Steve) Roberts, licutenant détective
Il a vérifié le rapport complémentaire du sergent Pierre Lasnier, complété le 25 novembre 2002. Il a également vérifié le rapport rédigé par le sergent-détective Pascal Leclair, le 13 mars, suite à sa conversation avec Mario Mambro. Il ne s'est pas assuré qu'il y ait un suivi relatif aux informations disculpantes pour Bérubé et qu'une déclaration soit enregistrée.

La preuve de l'innocence de Michel Bérubé
Il faut savoir que si le témoignage de monsieur Mambro est conforme à ce qui s'est passé, la preuve de l'innocence de Michel Bérubé est acquise. En effet, si Mambro a effectivement parlé à Tanya Buschman entre 12h00 et 15h00, heures pendant lesquelles Michel Bérubé était au travail, il est impossible que celui-ci soit responsable de sa mort, puisqu'il a été établi qu'il est arrivé chez lui vers 17h15.

Le lieutenant Cacchione n'a pas effectué le travail convenu
Le lieutenant Jimmy Cacchione a pour sa part contacté madame Lucille Gauvin, conjointe et collaboratrice du dentiste Yvan Gauvin, qui ont tous deux donné un témoignage favorable à Michel Bérubé.

Q. – *Alors cette dame madame Lucille Gauvin, est-ce que vous êtes allée la rencontrer pour prendre une déclaration écrite ?*
R. – *Non.*

Q. – *Est-ce que vous avez parlé à son conjoint le dentiste Gauvin, de son prénom Yvan ?*
R. – *Non.*

Ainsi, selon son propre témoignage, Cacchione n'a pas effectué le travail que l'enquêteur Whissell lui a demandé et celui-ci ne s'est pas assuré que sa « commande » ait été exécutée.

À propos de Lucille Gauvin, hygiéniste dentaire
Le lieutenant détective Jimmy Cacchione contacte madame Gauvin à deux reprises, dont une le 29 janvier 2003. Il ne rédige pas de rapport relatif à leurs conversations et n'enregistre pas une déclaration. Il s'agit d'un témoin indépendant dont le témoignage disculpe Michel Bérubé.

À propos de Yvan Gauvin, dentiste
Yvan Gauvin n'a jamais été contacté par les policiers malgré qu'ils soient au courant que son témoignage est en contradiction avec la thèse policière. Il témoignera à l'enquête préliminaire et au procès.

D'autres témoignages disculpant l'accusé

Plusieurs policiers ont été amenés à contacter ou à rencontrer des témoins et éventuellement à prendre leurs déclarations. Pourtant il s'avère qu'aucun d'entre eux n'a estimé nécessaire d'enregistrer une déclaration de la part des trois témoins indépendants et qui ont rendu des témoignages favorables à Michel Bérubé. Comment expliquer une telle lacune ?

Les témoignages favorables à la disculpation de Michel Bérubé n'ont donc pas été vérifiés ou enquêtés à fond. Il est à noter que la Cour suprême a d'ailleurs reconnu « *qu'une personne innocente peut, à cause d'une négligence de la police, faire l'objet d'une enquête, d'une arrestation, puis d'un emprisonnement* »[17].

---

17 *Hill c. Commission des services policiers de la municipalité régionale de Hamilton-Wentworth*, [2007] 3 RCS 129, 2007 CSC 41 (CanLII).

Chapitre 6
Négligences des enquêteurs et absence de rigueur

Tout accusé a droit au silence, c'est-à-dire qu'il a le droit de refuser de répondre aux questions qui lui sont posées par les policiers. On pourrait croire qu'il suffit de signifier aux policiers notre volonté de ne pas répondre aux questions pour que ceux-ci respectent ce droit au silence. Examinons comment, dans l'Affaire Bérubé, le droit au silence a été respecté par les policiers, tel qu'enregistré dans les rapports des sergents-détectives Yves Beaulieu et Donald Lemieux.

Lors de la détention de Michel Bérubé, le 21 novembre 2002, le sergent-détective Beaulieu a entrepris, à la demande du sergent-détective Whissell, l'interrogatoire du suspect Michel Bérubé, à 16h33. « Dans les premières minutes de la rencontre, le détenu a demandé à voir son avocat », ce qui fut fait entre 17h05 et 19h15. Après la visite des avocats, l'interrogatoire s'est poursuivi jusqu'à 20h44. Il est noté que « le détenu a voulu se prévaloir de son droit au silence ».

> **À propos d'Yves Beaulieu, sergent-détective, matricule 1301**
> Il a effectué l'interrogatoire de Michel Bérubé le 21 novembre 2002. Notons que dans deux autres dossiers de meurtre, Beaulieu a été épinglé par les tribunaux : en 2004, à propos d'une déclaration qui a été déclaré inadmissible parce qu'il a interrogé une suspecte sans l'avoir informée qu'elle était en fait en état d'arrestation; en 2005, il a détruit ses notes avant qu'un procès ne commence, ce qui expliquerait ses blancs de mémoires.

Non respect du droit au silence
Suite à la seconde arrestation légale de Michel Bérubé, le 29 mai 2003, celui-ci est amené dans une salle pour interrogatoire à 15h45. Dès son arrivée, il lui est expliqué les motifs de son arrestation et lui est faite la mise en garde prévue par la loi. À 15h48, Michel Bérubé dit vouloir exercer son droit au silence, et ce, par deux fois. À 15h51,

il réitère son droit au silence. Il se répète à 15h56, 15h57 et 16h02. Les policiers ne cessent de lui parler et de l'interroger. À 16h24, il réitère son droit au silence. À 16h28, il appelle son avocat. À 16h32, Bérubé effectue un test pour l'insuline. À 16h43, il reçoit un repas. Le sergent Lasnier, de la GRC, continue à parler et à l'interroger. À 17h00, Bérubé sort de la salle d'entrevue pour aller à sa cellule manger et prendre son insuline.

À 17h16, retour à la salle d'interrogatoire. Les policiers ne cessent pas de le questionner et de lui faire part de leur analyse, ils lui présentent même des photos de Tanya. À 17h32, il leur fait part qu'il veut exercer son droit au silence. Les policiers poursuivent leur tactique. À 17h37, les policiers lui parlent de « *l'argent du couple* ». 17h41, il exerce son droit au silence. Les policiers poursuivent leur interrogatoire. À 18h05, les policiers lui montrent une corde à linge et lui demandent s'il veut l'avoir. À 18h20, il répète vouloir exercer son droit au silence. À 18h23, il demande à pouvoir parler avec son avocat quand le tout sera terminé. À 18h24, fin de l'interrogatoire après plus de deux heures et trente minutes.

Contre leur volonté
Voilà comment dans le quotidien, dans certains cas, le droit au silence est interprété et « respecté » par des policiers. On peut ainsi comprendre pourquoi certaines personnes finissent par faire une déclaration incriminante, contre leur volonté et même à signer une fausse déclaration ou une déclaration mensongère et ce dans l'unique but de mettre un terme à ce harcèlement.

Des lacunes dans la chaîne de possession
D'autre part, le rapport relatif à la chaîne de possession[18] de la corde qui se trouvait autour du cou de Tanya Buschman comporte des

---

18 La chaîne de possession désigne le registre dans lequel il est indiqué le nom des personnes ayant détenu à tour de rôle un élément de preuve recueilli sur les lieux du crime jusqu'à ce que celui-ci soit présenté devant un tribunal ou qu'il ait été l'objet d'une expertise.

lacunes. En effet, au cours du procès, le constable Jean-Philippe Langlois déclare avoir reçu la corde du sergent Archambault et l'avoir conservé jusqu'à 5h10 du matin du 21 novembre 2002, moment où il l'a remise au sergent-détective Bessette. Mais après avoir consulté le document relatif à la chaîne de possession, il avoue avoir omis d'inscrire le nom du sergent Archambault. De fait, il a négligé de faire signer les deux premières personnes qui ont été en possession de la corde avant lui.

Selon le témoignage du sergent Dumas, il est le premier à avoir saisi la corde à 18h10 et ce n'est pas lui qui a inscrit son nom sur la feuille relative à la chaîne de possession. Il ne sait qui y a inscrit son nom. Il a remis la corde au sergent Archambault qui en a été en sa possession jusqu'à 18h23, moment où il l'aurait remise au constable Langlois.

Monsieur Langlois l'aurait ensuite placée dans un sac de papier contenant d'autres objets. Il y a inscrit sur le sac l'heure de réception : 17h15, alors qu'en fait, il l'a reçue à 18h23. Il inscrit aussi que c'est le sergent Dumas qui lui avait remise la corde, alors que c'est le sergent Archambault qui dit lui avoir remise. Il s'agit de deux autres erreurs qu'il reconnaît avoir commises.

Le manque de rigueur dans la saisie de la corde qui se trouvait autour du cou de Tanya Buschman a permis une contamination des ADN susceptibles de s'y trouver rendant ainsi illusoire une expertise qui aurait pu être très utile pour établir certains faits.

Une absence de rigueur étonnante *sur la scène de crime*
L'enquête sur la scène de crime a elle aussi manqué de rigueur. En effet, pourquoi les policiers qui se sont rendus dans la maison du couple Buschman/Bérubé, n'ont-ils pas visité le sous-sol où se trouvait le salon de coiffure de Tanya Buschman? Étonnant, non? Et la question s'adresse plus particulièrement au sergent-détective Michel Whissell, l'enquêteur principal, puisqu'il a *« juste fait le*

premier plancher ». Et pourquoi les policiers n'ont-ils pas pensé à saisir les répondeurs téléphoniques comme exhibits puisqu'ils savaient que plusieurs messages y avaient été laissés par plusieurs personnes. Il est à noter que durant la nuit du 20 au 21 novembre, lors de l'interrogatoire de Deborah Sakaitis par le lieutenant détective Jimmy Cacchione, celle-ci a, à trois reprises, fait référence aux messages téléphoniques qu'elle avait laissés sur les répondeurs des téléphones de Tanya Buschman et de Michel Bérubé. Elle dit entre autres, « *Si la police prend son répondeur, ils vont penser que je suis idiote parce que j'ai laissé des messages toute la journée* »[19].

L'enquêteur Cacchione lui a aussi demandé si Michel Bérubé avait un répondeur sur son téléphone cellulaire. Elle lui a répondu qu'elle lui a laissé un message sur son téléphone à la maison et qu'elle a tenté de le joindre sur son téléphone cellulaire[20].

En ce qui concerne cette question, voici le point de vue de l'enquêteur principal Whissell :

Q. *Maintenant, pendant la journée, alors que vous êtes sur la scène dans le poste de commandement, c'est exact de dire que des témoins vous rapportent avoir laissé des messages téléphoniques sur le répondeur de la résidence de Tanya Buschman et de Michel Bérubé ?*
R. *Oui.*
...
Q. *Vous même, c'est exact de dire que vous n'avez pas donné d'instruction à monsieur Bessette ou à madame Chabot ou à monsieur Provencher, qui sont rentrés dans les lieux, de saisir le répondeur téléphonique. C'est exact ?*

---

19 Notre traduction de « If the police get the tape of her answering machine, they're going to think I'm a nut, because I've been calling all day long ».
20 Q. *Does he have an answering machine on the cell phone or it just says ...*
R. *I called his answering machine at home and I left a message, and I call his cell phone, and then I left a message.*

R. *J'ai eu une conversation pendant la journée avec monsieur Bessette et monsieur Bessette était au courant qu'il y avait des répondeurs là. À ce moment-là, je suis sûr que la conversation est venue, mais ce n'est pas à moi à lui dire quoi saisir, c'est à moi à le guider, mais ce n'est pas à moi à lui informer de quoi saisir.*
...
Q. *Avez-vous fait des démarches auprès de Bell Canada pour vérifier s'il existait un système de télé-réponse ?*
R. *Pas moi, mais j'avais été informé qu'il n'y en avait pas ...*
Q. *O.K. Qui a fait cette vérification-là ?*
R. *Je ne pourrais pas vous dire je ne me souviens pas.*
Q. *Est-ce que ça été à votre demande cette vérification-là, pour voir s'il n'y avait pas un système de télé-réponse, a été effectué parce que vous êtes l'enquêteur principal, je demande si c'est à votre demande ?*
R. *Je me souviens pas.*

Les répondeurs téléphoniques : un élément pourtant crucial
À l'enquête préliminaire, l'enquêteur responsable de la scène de crime, Guy Bessette[21], répond à une question de l'avocat de la défense en rapport avec le fait qu'il n'a pas saisi les répondeurs téléphoniques, élément de preuve qui aurait permis de confirmer, ou d'infirmer, les déclarations et les témoignages de plusieurs témoins tant de la Couronne que de la défense :

Q. *C'est un oubli important n'est-ce pas ?*
R. *Bien, ça dépend pour qui, peut-être pour la défense peut-être, mais pas pour moi.*
Q. *Pour l'enquête.*

---

21 Rappelons que le policier Bessette a été trouvé coupable de détention illégale, et a reconnu avoir falsifié des notes personnelles d'enquête et de ne pas les avoir corrigés malgré la demande du juge au procès, le juge Réjean Paul, celui-là même qui préside le procès de Michel Bérubé.

R. *Pour l'enquête, écoutez, je vais sur une mort suspecte, une personne qui est pendue. C'est un oubli, oui, ça aurait dû être vérifié, oui. Mais ce n'est pas catastrophique pour moi* ça.

Une erreur monumentale des enquêteurs
Pourtant la saisie de ces répondeurs aurait permis de vérifier les appels effectués par les différents témoins, par Michel Bérubé et plus particulièrement par Mario Mambro. En effet, Mambro est un témoin indépendant, qui affirme avoir parlé au téléphone le 20 novembre 2002 à une femme entre 11h45 et 14h00. Si Mambro a parlé à Tanya Buschman, comme il le déclare, il n'aura pas laissé de message et nous aurions la confirmation que Tanya Buschman n'était pas décédée à cette heure-là. Si elle était décédée alors une autre personne a dû répondre. Dans ce cas de figure, Michel Bérubé ne pourrait pas avoir tué Tanya Buschman, le matin avant de quitter son domicile pour aller au travail. Si le juge Réjean Paul, comme la Cour d'appel, estime que ce n'est qu'une déduction que fait Mambro relativement à son coup de téléphone du 20 novembre, logiquement il aurait dû laisser un message. De là l'importance de la saisie des répondeurs. Cette erreur monumentale des enquêteurs n'a pas été évaluée à sa juste valeur ni par le juge au procès, ni par la Cour d'appel.

Le répondeur... l'a-t-on examiné, oui ou non?
Pourtant, dans les notes de Bessette, inscrites dans son calepin, vers 2h00, le matin du 21 novembre 2002, on peut y lire l'extrait suivant : « *... vers 16h17 (Bérubé) a fait un appel téléphonique à la maison message sur le répondeur* ». Étrange, n'est-ce pas ? Alors, le répondeur... l'a-t-on examiné de près ou non? L'a-t-il saisi dans un premier temps pour ensuite l'abandonner sur place? Et si c'est le cas, pourquoi les policiers ne l'ont-ils pas divulgué?

Par contre, Whissell a fait faire les démarches nécessaires pour avoir le compte de téléphone de la mère de Tanya Buschman et du cellulaire de Michel Bérubé.

D'autres éléments « négligés » par les enquêteurs
Bérubé, après sa journée de travail, a déclaré s'être rendu chez le dentiste Yvan Gauvin et a dit être passé ensuite au marché d'alimentation Loblaws avant de rentrer chez lui. Les emplettes qu'il a effectuées se trouvaient dans la cuisine. La preuve d'achat et la confirmation de son affirmation pouvaient se trouver dans l'un des sacs.

L'avocat de la défense poursuit son interrogatoire de Whissell :
Q. *Maintenant, je reviens sur la scène du 231 Cypihot, sur un item dont je ne vous ai pas parlé, une facture d'épicerie provenant de chez Loblaws. Est-ce que ça aurait été trouvé ou non, selon ce que vous en savez ?*
R. *Je ne me souviens pas.*
Q. *Est-ce qu'il y a eu des vérifications de faites auprès de chez Loblaws ? Est-ce que vous avez demandé qu'il y a des vérifications qui soient faites pour tenter de savoir les heures d'achat avec l'épicerie que monsieur Bérubé aurait fait ou que quelqu'un aurait fait ?*
R. *Je me souviens pas que ça ait été fait. Ce n'est pas important.*

Le témoignage étonnant de Anita Mann
Examinons maintenant les propos de madame Anita Mann. Ni les policiers, ni les procureurs de la Couronne au dossier ne se sont intéressés à ce témoignage étonnant, qui laisse sous-entendre que l'auto de Tanya Buschman aurait quitté le garage du domicile au cours de l'avant-midi du 20 novembre 2002. En effet, le témoin Anita Mann a déclaré, le 12 août 2003, au sergent Pierre Lasnier, de la GRC, avoir vu « *des traces de pneus sous les deux portes* »[22] du garage du 231 Cypihot. Cette information cruciale n'a pas été prise en compte par les enquêteurs ni examinée de plus près. Elle a répété ce fait, clairement et en détail, au moment de l'enquête préliminaire.

---

22 Nous soulignons.

Au procès, elle a expliqué encore une fois ce qu'elle a vu. Il est à noter que Me Pierre Poulin, avocat de la Couronne, n'a posé aucune question à ce témoin-clé, ni à l'enquête préliminaire ni au procès.

Selon les données statistiques d'Environnement Canada[23], voici un portrait de la situation climatique qui prévalait à l'aéroport de Dorval entre les 17 et 21 novembre 2002.

Date	Température en Celsius			Précipitation en mm d'eau	Accumulation de neige en cm	Neige au sol en cm tôt le matin
	minimum	maximum	moyenne			
17	-3,5	-1,7	-2,6	20,7	15,8	4
18	-2,6	-0,1	-1,4	12,2	12,2	16
19	-6,2	+2,0	-2,1	2,4	0,4	12
20	+1,4	+7,7	+4,6	0,2	0	8
21				0	0	2

Ainsi, le témoignage d'Anita Mann est tout à fait compatible avec les données d'Environnement Canada et les photos de l'extérieur de la résidence prises le matin du 21 novembre 2002, par l'agent Nathalie Chabot à partir de 10h43. Dans l'avant-midi, il y avait de la neige au sol, donc il n'est donc pas impossible que l'auto de Tanya Buschman ait laissé des traces si elle a utilisé son véhicule ce matin-là. Si tel est le cas, cela expliquerait qu'elle n'ait pas répondu au téléphone en début de matinée, et qu'elle puisse avoir répondu à l'appel de Mario Mambro en fin d'avant midi, début d'après-midi. Son déplacement éventuel pourrait également expliquer la présence d'une tasse de café pour emporter que l'on remarque sur l'une des photos du salon tirée de l'exhibit P-5, déposé lors du procès.

---

23 www.climat.meteo.gc.ca/climateData/dailydata_f.html?StationID=5415

À propos de Nathalie Chabot, constable matricule 3712
Elle est technicienne en scène de crime et spécialiste en empreinte digitale. Elle a été reconnue comme expert auprès du tribunal. Elle ne sait pas ce que veut dire l'expression contondant (se dit d'un objet qui blesse par choc, sans couper ni déchirer les chairs). Plutôt étonnant de la part d'une policière reconnue comme expert. Elle se rend à la résidence du couple et sous la supervision de Bessette, elle prend des photos dans la maison et saisit des exhibits. Elle ne prend aucune initiative et ne fait que répondre aux demandes de Bessette. Par exemple, elle saisit les agendas de Tanya Buschman, mais ne prend pas le répondeur téléphonique qui se trouve tout à côté et qui aurait pu disculper Michel Bérubé.

La scène de crime

Examinons la connaissance qu'a le sergent-détective Bessette de la scène de crime. Michel Bérubé dit être rentré chez lui avec des sacs d'épicerie contenant ce qu'il fallait pour souper. Bessette n'a pas cru bon d'examiner ces sacs ni de chercher l'éventuelle facture qui les accompagnait. Selon lui, c'était à l'agent Chabot de récupérer les exhibits pertinents. Et la constable Chabot a déclaré que Bessette lui a demandé de localiser les emplettes « *mais de façon photographique* » et, par conséquent, elle n'a « *pas regardé les sacs* ».

Dans la cuisine, il y avait des pinces, un couteau et un morceau de papier par terre : Bessette ne s'est pas intéressé à ce dernier, c'était à madame Chabot d'y voir. Mais l'agent Chabot « *ne (se) souvient pas c'est quoi le papier* ». Peut-on parler de coordination dans le travail dans cette enquête ?

Bessette n'a pas pris en note quelles étaient les lumières allumées dans la maison, lors de son entrée, ce qui aurait permis de vérifier les différents témoignages relatifs à l'éclairage, éventuellement.

Dans la chambre d'ami, il dit avoir examiné le contenu de la valise qui s'y trouve et il affirme qu'elle était vide, mais il n'a pas pris de notes à ce sujet. Et lorsqu'il témoigne à ce propos, il ne s'en rappelle plus vraiment.

Au sujet de la scène de crime, soit l'ensemble de la demeure, l'agente Chabot est interrogée :
Q. *Vous-même, toujours par rapport à la scène, vous avez été au deuxième étage, au rez-de-chaussée. Êtes-vous allé au sous-sol ?*
R. *Je me souviens pas si je suis allée au sous-sol.*

Pourtant, elle a pris une série de photos dans la maison mais aucune n'a été prise au sous-sol. Elle n'y est donc pas allée.

Comme l'initiative personnelle n'est pas de rigueur et comme le responsable de la scène de crime, le sergent-détective Bessette, n'a pas demandé à ce que le sous-sol soit examiné par l'agente Chabot, personne n'est intervenu de ce côté. Ni l'agente Nathalie Chabot, ni le constable Donald Provenecher, n'ont cru bon de soulever la question avec Bessette. De fait, personne n'a examiné le sous-sol, le lieu de salon de coiffure de Tanya Buschman. Étonnant!

Chapitre 7
Les expertises policières

Voici ce que Pierre Patenaude, avocat à l'époque, et actuellement professeur émérite de la Faculté de droit de l'Université de Sherbrooke, préconise afin d'assurer une défense pleine et entière ou « *les protections essentielles devant être accordées à l'accusé, lorsqu'arrivent devant un tribunal des expertises «pointues»* » ?

> « Premièrement : le contre-interrogatoire du témoin expert doit être assuré et même facilité pour, si possible, découvrir les faiblesses du principe fondamental, point d'assise de la technique ou de la science en cause; pour que le juge prenne ainsi connaissance des faiblesses inhérentes à la théorie sous-jacente, des assises fragiles de celle-ci. Puis, c'est sur la valeur de la technique mettant en pratique la théorie scientifique que portera l'interrogatoire. Le juriste ne devrait alors jamais oublier que la fiabilité des conclusions de l'expert, leur force probante, leur crédibilité, dépendent de la méthode suivie pour atteindre lesdites conclusions. Le mot-clé est donc méthodologie. C'est sur celle-ci que devrait porter l'interrogatoire.
>
> « Deuxièmement : un État qui se targue de respecter le principe du droit à une défense pleine et entière devrait permettre à la défense d'avoir accès à tous les éléments de preuve dont dispose la poursuite, particulièrement aux indices, substances, échantillons analysés par les laboratoires de police scientifique, pour qu'ils puissent être soumis à une seconde expertise, cette fois, par un expert indépendant de l'État. Cette protection devrait être d'autant plus assurée dans les cas où l'expertise présentée par la partie adverse repose sur des fondements fragiles … » (p. 40) [24].

---

[24] Pierre Patenaude. Le juge, l'expertise « forensique » et le droit à une défense pleine et entière, dans Pierre Patenaude, (dir.) *Interaction entre le droit et les sciences expérimentales : la preuve d'expertise*, Sherbrooke, Éd. Revue de droit Université de Sherbrooke, 2002, p. 35-43.

Les empreintes digitales

Une partie du procès a été consacrée aux prélèvements recueillis au domicile de Michel Bérubé et de Tanya Buschman, appelée scène de crime par les policiers. Tout d'abord, les empreintes digitales retrouvées à la résidence ont été prélevées par la technicienne en scène de crime, l'agente Nathalie Chabot, sous la supervision du sergent-détective Bessette, le 21 novembre 2002. Elle a localisé sept empreintes, quatre sur le mur de soutien de l'escalier et trois sur un barreau de la rampe d'escalier. Il a d'ailleurs été précisé au cours du procès que ces dernières ne proviennent pas du barreau où la corde était attachée. Les sept empreintes ont été comparées à celles de Tanya Buschman et à celles de Michel Bérubé. Seulement une de ces empreintes, une de celles se trouvant sur un barreau, était assez complète pour permettre une identification positive avec l'index droit de Michel Bérubé. Les autres empreintes n'ont pas pu être identifiées.

Les empreintes : pas un élément de preuve

Pour ce qui est des empreintes digitales retrouvées au domicile, il ne s'agit certes pas d'un élément de preuve. En effet, comme l'a mentionné la défense, et confirmé par l'agente Chabot, les empreintes digitales n'ont pas d'âge, il est par conséquent normal de retrouver les empreintes digitales des résidents un peu partout dans leur demeure :

Q. – *Alors, c'est exact de dire que dans votre formation, on vous a enseigné qu'une empreinte digitale n'a pas de vie et qu'elle peut subsister très longtemps au même endroit?*
R. – *C'est exact.*
Q. – *Alors, c'est exact de dire qu'une empreinte digitale peut se trouver à un endroit depuis quelques semaines, quelques mois et même quelques années plus tard. C'est exact?*
R. – *C'est exact.*
Q. – *Et, à partir d'une empreinte qu'on trouverait comme ça, qui date de plusieurs mois ou années, on pourrait toujours faire une comparaison. C'est exact?*

R. – *C'est exact.*
Q. – *Et ici, dans le cas présent, l'empreinte que vous avez identifiée de Michel Bérubé, est-ce que c'est exact de dire que cette empreinte digitale vous n'êtes pas capable d'en déterminer l'âge?*
R. – *C'est exact.*

La Cour veut une réponse claire
Il semble que des six empreintes non identifiées, trois étaient assez complètes pour permettre une comparaison mais elles n'appartenaient ni à Michel Bérubé, ni à Tanya Buschman. Deux de ces empreintes étaient sur le mur et une troisième était sur un des barreaux. Lors du procès, Mme Chabot est très évasive dans ses réponses aux questions de la défense à ce sujet. D'ailleurs, la Cour a dû intervenir pour que finalement une réponse claire soit donnée :

LA COUR :
Q. – *Alors là, voici, c'est simple là. Il y en a une d'identifiée à Michel Bérubé. Il y en a trois (3) autres. Vous les avez envoyées en recherche, elles n'ont pas été identifiées. Vous les avez comparées également sans succès avec Michel Bérubé. C'est exact?*
R. – *C'est exact.*
Q. – *Est-ce que vous avez tenté de les identifier à d'autres personnes dont la victime?*
R. – *Exact.*
Q. – *Quels ont été les résultats?*
R. – *Négatifs*

LA DÉFENSE :
Q. – *Alors, ce n'était pas non plus à madame Buschman, c'est exact?*
R. – *C'est exact.*
Q. – *Puis, vous avez tenté de les identifier à d'autres personnes en faisant une recherche auprès des banques de données que vous avez et les titulaires de ces empreintes n'étaient pas identifiés. C'est exact?*
R. – *C'est exact.*

Il importe de mentionner que les policiers n'ont pas poussé plus loin la recherche à propos de cette information. Il aurait été utile de vérifier si les empreintes ne correspondaient pas à d'autres protagonistes.

Mme Chabot a aussi saisi la corde fixée à la rampe d'escalier sans en défaire le nœud et les outils qui auraient pu servir à couper cette corde. Ces exhibits ont été envoyés au Laboratoire des sciences judiciaires et de médecine légale (LSJML) pour différentes expertises génétiques.

Robert Poirier[25], à l'époque assistant de recherche à la Faculté de droit de l'Université de Sherbrooke dans le cadre de son doctorat, s'est interrogé sur la problématique de la partialité éventuelle de l'expert, plus particulièrement dans le cas où l'expert est un policier de l'identité judiciaire. La fonction qui leur est attribuée est de recueillir les indices matériels présents sur les lieux d'un crime présumé. Des critiques ont été formulées depuis longtemps relativement à cette situation. En effet, il faut savoir que la formation de ces policiers est plutôt sommaire et qu'ils sont sous l'autorité de policiers qui ne sont pas nécessairement qualifiés ou très rigoureux dans leur travail de recherche des preuves ou indices. Nathalie Chabot était sous l'autorité du sergent-détective Guy Bessette, dont nous avons parlé plus haut.

Robert Poirier résume les propos des experts qu'il a interviewés à ce sujet : « *la lacune se situe surtout au niveau de l'expérience. Ils reprochent à ces policiers de ne pas rester assez longtemps au service de l'identité judiciaire pour acquérir les habiletés nécessaires... Selon les experts, il faut détenir plusieurs années d'expérience pour*

---

[25] Robert Poirier. *Expertise scientifique et justice pénale: Une étude socio-criminologique sur le fonctionnement des tribunaux.* Montréal, Université de Montréal. École de criminologie, thèse de doctorat, 1998, 551p.

être en mesure d'exploiter adéquatement toutes les données qui peuvent se retrouver sur une scène de crime »[26].

Une enquête orientée
Selon Poirier, « *on peut craindre que ces policiers/experts, tout comme les experts eux-mêmes, puissent être influencés par l'orientation de l'enquête policière et manquer d'objectivité* ».

Dans le dossier de Bérubé, lorsque Nathalie Chabot est assignée à se rendre au 231 Cyphiot, sur le formulaire il est inscrit « *homicide* ».

Q. *Je comprends que quand vous arrivez sur les lieux, dès votre arrivée monsieur Bessette vous indique que vous enquêtez pour un homicide. C'est exact ? Que le travail que vous allez faire va être pour un dossier d'homicide.*
R. *De mémoire, je me souviens pas s'il m'a dit que c'était exactement d'homicide mais sur le formulaire que je quitte du bureau c'est mentionné Homicide.*

D'ailleurs dans les trois rapports que Nathalie Chabot a rédigés, le 27 novembre 2002, elle a inscrit à l'item Nature de l'événement : « *Décès (homicide)* ».

À propos de la prise de photographies, la défense fait une revue de celles-ci en soulevant des questions de fait relatives à la scène de crime.

Michel Bérubé avait déclaré aux policiers s'être rendu faire des courses chez Loblaws avant de rentrer chez lui.

Q. *Est-ce que vous avez regardé pour une facture pour voir c'est à quelle heure cette marchandise ou ça a été acheté, quand ?*
R. *Non, je n'ai pas regardé.*
...

---

26 On peut penser que pour être expert en pathologie judiciaire, il faut une solide expérience.

Q. *Et, dans vos notes, vous n'avez pas noté que ces sacs-là qu'il fallait localiser venaient de chez Loblaws ?*
R. *Je me suis arrêtée à l'étiquette qu'on retrouve sur les fleurs.*

Un tableau incliné
À proximité de l'endroit où Tanya Buschman était pendue, il y a un mur sur lequel il y avait un tableau qui était incliné. Personne n'a vérifié la façon dont celui-ci était fixé au mur, ni ne l'a examiné d'une façon ou d'une autre. Pourtant, il aurait été très utile d'en savoir plus parce qu'une personne pendue a fréquemment des convulsions qui peuvent l'amener à cogner les objets et les structures qui l'entourent. Une information plus complète aurait permis de mieux évaluer les hypothèses, suicide ou meurtre, et les témoignages des pathologistes.

Ce tableau a été l'objet d'une discussion dans le cadre du procès, puisque pour certains il ne peut avoir été l'objet d'un choc important. Voici ce qu'en dit l'agente Chabot :

Q. *Le cadre, on voit qu'il est incliné. Il n'est pas en position droite, c'est exact ? ...*
R. *Exact, légèrement incliné.*
...
Q. *Vous-même, vous n'avez pas vérifié en arrière de ce cadre quel était le mécanisme pour le fixer au mur ?*
R. *Non, j'ai pas vérifié.*

D'autre part, à propos des marques éventuellement laissées par la corde sur le tapis :

Q. *Mais, une marque de frottement laissée par la corde, est-ce que vous avez cherché à trouver cela sur le tapis ?*
R. *Je me souviens pas, mais je sais que je me suis arrêtée aux démarcations à chaque barreau.*

Battue ou non?
Il faut se rappeler que le docteur Kilmartin a dit aux policiers que Tanya Buschman avait été sévèrement battue et qu'elle présentait

plusieurs blessures. Il est donc possible que celle-ci ait perdu du sang. De là les questions posées à l'agente Chabot.

Q. ... est-ce que vous-même vous avez recherché des traces de sang dans la résidence, soit sur les lits, serviettes, vêtements, au sol. Est-ce que vous avez fait des recherches semblables ?
R. Non.
Q. Est-ce qu'à votre connaissance quelqu'un a fait des recherches semblables ?
R. Je ne pourrais pas vous répondre. Pas à ma connaissance.
Q. Je vous suggère que des tests peuvent être faits avec ce qu'on appelle du Luminol, qui est une substance qui permet de voir des traces de sang même si elles auraient été effacées puis on peut toujours les détecter. Vous connaissez ça le Luminol ?
R. Oui, j'en ai déjà entendu parler.
...
Q. Par rapport à des objets qui auraient pu être saisis ou qui ont été saisis concernant des traces de cheveux, avez-vous fait des recherches vous-même ou est-ce qu'il a été question de recherches pour trouver des objets sur lesquels on pourrait trouver des traces de cheveux de la défunte ?
R. Non, pas à ma connaissance.

Pas de « traces de traînage »
Si comme le soutient le procureur de la Couronne, l'hypothèse du meurtre est fondée, la pendaison de Tanya Buschman s'est effectuée lorsqu'elle était inerte ou inconsciente. Par conséquent, elle aurait dû être traînée du lieu où elle se trouvait jusqu'au lieu où elle était pendue. Un tel déplacement devrait laisser des traces. Mais Bessette déclare que des *« traces de traînage, s'il y en avait eu je l'aurais remarqué »*. Par conséquent, il n'a pas poussé plus loin les recherches puisque *« des traces de violence (...) (il) en (a) pas remarqué »*. Ce qui est confirmé par les photos prises sur les lieux. Il faut alors s'interroger à propos des notes qu'a prises le sergent-détective Pellerin, en date du 26 novembre 2002. En effet, on y lit

un compte-rendu des propos de Bessette : « *trace de bagarre dans la chambre des maîtres* ». Comment concilier cette contradiction ?

Aucune trace de sang

Bessette, lors de sa première visite, seul, qui a duré entre cinq et dix minutes, a vérifié s'il y avait présence de sang, compte tenu du fait que Tanya Buschman avait du sang au niveau du visage, selon lui. Ainsi, il a examiné les chambres du haut, le plancher, la toilette, la cage d'escalier, « *partout dans la maison et (il n'a) trouvé aucune trace de sang* ». Lorsqu'il est interrogé par le procureur de la Couronne, il déclare « ça été lavé ou essuyé, j'ai aucune idée. Je peux pas … » et à ce moment le procureur lui coupe la parole.

Quand l'avocat de la défense le contre-interroge, il dit avoir aussi vérifié les deux automobiles, les draps, douillettes et taies d'oreillers, « *et à (sa) grande surprise, (il) n'(a) pas trouvé aucune tache de sang dans ces endroits-là* ». Celles-ci peuvent être éventuellement décelées à l'aide du test au luminol. Comme rien ne lui indiquait que du sang ait été lavé à quelque endroit que ce soit dans la résidence, il a décidé de ne pas faire intervenir un expert : « *si y avait eu un endroit où ç'avait été lavé, (il) l'aurai(t) vu à l'œil et là (il) aurai(t) fait venir le spécialiste* ».

Ainsi, lorsque le procureur de la Couronne l'interroge, il n'a « *aucune idée* » si du sang a été lavé, mais au moment où l'avocat de la défense l'interroge sur le même sujet et soulève la question du test au luminol, il affirme que s'il y avait un endroit qui avait été lavé, il l'aurait vu. Peu importe où se trouve la vérité, il est indubitable qu'un expert aurait peut-être pu faire la différence, c'est-à-dire faire la preuve, ou le contraire éventuellement, qu'il n'y avait aucune trace de sang, ni d'aucun autre liquide ou sérum humain et ainsi soutenir l'hypothèse du suicide. Le manque de rigueur est manifeste encore une fois. Et la perte d'un indice important établie.

Il est à noter que Bessette a témoigné à l'effet, qu'il « y a eu un examen exhaustif qui a été fait des draps. Autant dans la chambre des maîtres que dans cette chambre-là (*la chambre d'amis*), *par la suite, un coup que les photos ont été prises* ». L'agente Chabot a répondu à la question « *Est-ce qu'à votre connaissance quelqu'un a fait des recherches semblables (traces de sang)* ? Elle répond « *Je ne pourrais pas vous répondre. Pas à ma connaissance* ». Sa réponse est cohérente avec les informations relatives au fait que Bessette aurait fait cet examen au moment de son arrivée et non pendant la présence d'autres policiers.

Contondant

Il faut se rappeler que Madame Chabot est considérée comme une policière/experte. Voici une question intéressante qui permet de mesurer ses connaissances en matière de vocabulaire pertinent aux scènes de crime d'homicide :

Q. – ... *est-ce qu'on peut dire que ce qui dépasse des marches de la rampe c'est une surface contondante[27] ? Est-ce que vous connaissez l'expression contondante ?*
R. – *Si vous auriez un autre terme, peut-être ça serait ...*

Il est pour le moins étonnant qu'une policière, experte de surcroît, ne sache pas à quoi fait référence l'adjectif contondant.

---

27 Le Petit Robert défini contondant : *qui blesse, meurtrit sans couper ni percer.*

Chapitre 8
Cet expert urgentologue était-il compétent ?

Il y a lieu de démontrer l'importance du docteur Patrick Kilmartin quant à la perception à l'effet que le décès de Tanya Buschman est la conséquence d'un meurtre. En tant qu'urgentologue, il a outrepassé son rôle en donnant une opinion de pathologiste ou de coroner sur certains aspects de la mort de Tanya Buschman et en interrogeant lui-même Michel Bérubé. En transmettant ses doutes et ses opinions, en partie mal fondés, aux policiers, il a influencé ces derniers, les amenant à considérer le meurtre comme étant la seule cause de la mort et à identifier Michel Bérubé comme étant le seul suspect. Les passages suivants décrivent donc les erreurs d'apprécation des faits et les fautes professionnelles commises par le docteur Kilmartin.

L'urgentologue outrepasse ses compétences
La première erreur commise par Kilmartin est d'avoir donné un avis professionnel sur l'heure de la mort, alors que sa formation d'urgentologue ne lui permet pas d'apprécier cet élément extrêmement délicat.

D'ailleurs, ses témoignages concernant l'heure de la mort, le nombre de nœuds que comportait la corde autour de cou de Tanya Busshman et les rigidités des membres changent constamment. Nous allons présenter à l'aide de deux tableaux ses témoignages, et les informations recueillies soit par la pathologiste Michelle Houde, soit par l'enquêteur principal, le sergent-détective Michel Wihissell. Dans l'annexe 1 nous reproduisons également le verbatim des témoignages du docteur Kilmartin pour que le lecteur puisse se faire une idée précise de sa compétence d'expert.

Les variations dans les déclarations et les témoignages du Dr Kilmartin au cours du temps :

20 novembre 2002	9 janvier 2003	13 janvier 2004	24 janvier 2005	21 février 2005
Heure de la mort (estimation)				
		10 à 12 h	4 à 10h	14 à 24 h
Nombre de nœuds				
Inscrit 3	3 ou 4	3, mais ce chiffre est inscrit sur un 4 et non sur un 2		3, il dit ne pas avoir corrigé le chiffre
La rigidité cadavérique				
Elle commence à s'installer	Elle commence ou se termine	Elle commence à s'installer ensuite, il n'est plus certain	Elle commence	Elle commençait, elle se terminait ou se complétait

Informations provenant du docteur Kilmartin citées par des sources secondaires

Heure de la mort (estimation)		
Dr Michèle Houde *Résumé des échanges sur un dossier* 21/11/2002, 9h30 selon ce que rapporte Pierre Lasnier		Michel Wihissell *Rapport complémentaire du 4/12/2002*, information inscrite le 20 novembre 2002 à 23h05
Environ 10 heures		*Déjà décédée depuis 10 heures au moins*
Nombre de nœuds		
Dr Michèle Houde *Résumé des échanges sur un dossier* 21/11/2002, 9h30, selon ce que rapporte Pierre Lasnier	Dr Michèle Houde *Résumé des échanges sur un dossier* 22/1/2003, AM, selon ce que rapporte Whissel[28]	Michel Whissell *Notes du sergent-détective*, mercredi 20 novembre 2002, 22h15

---

28 Il est à noter qu'à la page 37 des notes du s/d Whissell, il y a seulement une mention à l'effet que le Dr Kilmartin a été rencontré à 19h00 le 9 janvier 2003. Il n'y a aucun détail sur le contenu de cette rencontre.

3 nœuds plats serrés et lien très serré	3 à 4 nœuds serrés. Lien très serré autour du cou (pas d'espace)	*Il (Dr Kilmartin) a détaché le nœud soit 3 nœuds*
La rigidité cadavérique		
Dr Michèle Houde *Résumé des échanges sur un dossier page 7, 22/1/03, AM, selon ce que rapporte Whissel*		Michel Wihissell *Rapport complémentaire de, 4/12/2002 information détenue le 20 novembre 2002 à 23h05*
Selon MD urgence qui a reçu victime, rigidité pas complète, membres supérieurs très rigides mais membres inférieurs un peu moins. Il (Dr Kilmartin) pense que les rigidités étaient en voie de disparition.		*Rigidité avancée, complète*

Une négligence grave

Le docteur Kilmartin n'a pas noté la température du corps lors de l'examen de Tanya Buscchman, ce qu'un pathologiste judiciaire aurait fait et qui aurait grandement aidé à déterminer l'heure de la mort[29].

---

29   Voici ce qu'il répond à l'enquête préliminaire : Q. – *On your notes or on the nurse's notes, is there anything regarding the result of the temperature of the body?* R. – *I don't see a recording of temperature.*

Il mentionne ensuite qu'il ne sait pas si l'infirmière a réellement pris la température car elle a remarqué du sang dans l'anus et que de toute manière, puisqu'elle était morte, la température n'était pas une information pertinente en ce qui concerne une réanimation. Il se souvient par la suite que la température du corps était très basse[30].

Dans le même ordre d'idée, considérant qu'il a lui-même mis le corps de Tanya Buschman sur la civière et qu'il a dû s'apercevoir que le corps était plus ou moins rigide, il n'y avait aucune raison de tenter une réanimation sur un corps dont il a estimé la mort à plus de dix heures et encore moins de défaire les nœuds de la corde qu'elle avait autour du cou! Le sergent-détective Whissell a admis qu'il s'agissait d'une erreur de la part du médecin. À ce propos, Kilmartin a reçu la visite de Whissell et de Cacchione, le 9 janvier 2003. Ces derniers lui demandèrent de refaire les nœuds de la corde tels qu'ils étaient lorsque Tanya Buschman est arrivée à l'urgence. Rappelons que cette corde est un exhibit qui a été déposé en preuve et accepté par la Cour malgré qu'elle ne fût pas dans son état original.

Phénomènes post-mortem
Rappelons qu'à l'examen du corps, il constate que le corps de Tanya Buschman est couvert d'ecchymoses et de lésions. Plusieurs de ces lésions seront expliquées par la pathologiste Houde comme étant

---

30 Q. – *Okay. Okay so, there is no reference regarding a result ?*
R. – *Yes. And it doesn't say that ---*
Q. – *You're just giving an explanation that because it was not necessary because she was dead at the time ?*
R. – *At that time, it wouldn't account with regard to resuscitation.*
Q. – *Regarding resuscitation. It may have been helpful to determine how long she had been dead, for sure, do you know that ?*
R. – *But we're not –*
Q. – *Pathologists.*
R. – *Pathologists.*
Q. – *Okay. But do you didn't verify that aspect yourself ?*
R. – *I think at the time, as far as I – I can't remember for sure, but I think there was a temperature noted and the temperature was very low but I can't give you a figure.*

des phénomènes post-mortem ou attribuables à la pendaison, mais lui les explique par le fait quelle aurait été sévèrement battue :

Q. – *Quelles étaient vos conclusions relativement aux blessures que portait madame, au-dessus de la pendaison? Les blessures qu'elle portait, qu'elles étaient vos conclusions à vous?*
R. – *Elle avait l'air que, qu'elle avait été sévèrement tabassée et les blessures qu'elle avait sur son corps étaient le résultat d'un tabassement, tabassage c'est ça là.*

Une fois l'examen du corps terminé, Kilmartin permet à Michel Bérubé d'entrer dans la salle de réanimation et c'est à cet instant qu'il lui demande pourquoi le corps de sa femme est dans cet état et pourquoi il a lui-même des égratignures au visage. Il résumera sa conversation avec Bérubé aux policiers.

Un meurtre?
Le docteur Kilmartin a fait prévenir les policiers avant même d'avoir constaté le décès de Tanya Bushman. Le premier policier arrivé sur les lieux, le constable Sylvain Laplante, affirme avoir reçu l'appel à 17h36. Une fois l'examen du corps terminé et le décès constaté, Kilmartin a appelé le coroner[31] et rencontré Michel Bérubé pour connaitre les circonstances de la mort de Tanya Buschman. Il a fait part de ses soupçons aux policiers et au coroner. À ce moment précis, le cas n'était plus perçu par les policiers comme une mort suspecte, mais bien comme un meurtre. Michel Bérubé a été aussitôt considéré comme le seul suspect, comme le démontre l'analyse de l'enquête policière.

---

31 Q. – *That's it. What about the coroner, there was a coroner called on –*
R. – *Yes, the coroner was called, and that's Dr. Clément.*
Q. – *Docteur Clément.*
R. – *But he referred the case to the coroner of Montreal, as he didn't deal with cases of possible criminal intent, as far as I know.*
Q. – *Okay. Did he proceed to an exam of the body, docteur Clément?*
R. – *I don't think he did. He called the other coroner right away. I think he did a brief survey but I know he didn't get to do an examination, no, he left that for the other coroner.*

Un suicide ou un meurtre?
Le sergent Jean Archambault a témoigné que Kilmartin estimait que Tanya Buschman ne pouvait avoir fait elle-meme les nœuds que présentait la corde[32]. Il faut se demander quelles sont les connaissances que possède le docteur Kilmartin pour se prononcer sur le type de nœud qui distinguerait un suicide d'un meurtre. Mais une question fondamentale se pose : pour quelùle raison le docteur Kilmartin a-t-il défait le nœud au tour du cou de Tanya Buchman ? En effet, il était évident que celle-ci était décédée au moment de son arrivée à l'hôpital. Quelle était l'urgence d'agir de la sorte ? Il faudrait que celui-ci s'explique sur son geste.

L'heure du décès et l'état de Tanya Buschman
D'ailleurs la pathologiste D[re] Houde ne « *pense pas qu'ils ont eu le temps de faire beaucoup de choses là au point de vue manœuvres de réanimation ... Parce que voyez-vous elle était rigide* ». En effet, il s'est écoulé trois ou quatre minutes entre l'arrivée de Tanya Buschman à l'hôpital et le constat de décès.

De deux choses l'une, ou bien Tanya Buschman présentait des signes qui laissaient croire qu'il était possible d'entamer des procédures de réanimation ou bien elle donnait manifestement des signes qu'elle était décédée. Dans le premier cas l'heure du décès devrait être plutôt récente, dans le deuxième, la question qui se pose est la suivante : pourquoi a-t-on défait le lien qu'elle avait autour du cou ?

Selon le rapport médical et le témoignage du Dr Kilmartin, trois personnes sont intervenues pour débuter les procédures de réanimation, deux infirmières[33] et le docteur Kilmartin. Peut-on

---

32 Q. – *Elle a pas pu se faire ce nœud-là elle-même »*, est-ce qu'il (Kilmartin) vous a dit ça ?
R. – *Quelque chose du genre.*
33 Celles-ci n'ont d'ailleurs pas été appelées à témoigner. Pourquoi ? Elles n'ont d'ailleurs pas été interrogées par les policiers.

penser qu'aucune de ces trois personnes n'a pu constater l'état de Tanya Buschman ?

Une impossibilité
Autre question qui découle des événements, comment a-t-il été possible de réaliser en trois minutes un début de processus de réanimation, défaire le lien, considéré comme « très très serré », par deux personnes l'une après l'autre, une infirmière qui n'a pas témoigné et le docteur Kilmartin, et de constater le décès ?

Il faut souligner que le docteur Kilmartin a été reconnu comme témoin « *expert en médecine, plus particulièrement comme urgentologue* ». À ce titre, il va témoigner de phénomènes relevant de la médecine légale, comme la question des ecchymoses, des rigidités, des lividités et de la détermination de l'heure de la mort. Pourtant, le docteur Kilmartin reconnaît qu'il n'est pas pathologiste et cela a été mentionné à quelques autres reprises. Comment se fait-il qu'une personne puisse être appelé à se prononcer sur des questions relevant d'une discipline autre que la sienne et pour laquelle il n'a aucune compétence ?

D'ailleurs, l'avocat de la défense l'a signalé au juge :
Me Éric Downs :
« *Si le témoin n'est pas familier avec ça (question relative aux lividités), je comprends qu'il n'est pas pathologiste, ni ...* »
Le juge Réjean Paul intervient :
« *Non, non, non, ce n'est pas ça. Ce n'est pas ça.* »
L'avocat de la défense, Me Éric Downs :
« *Si ...* »
Le juge Réjean Paul :
« *C'est le terme.* »
Le procureur de la Couronne, Me Pierre Poulin
« *Bien, c'est une question de traduction.* »

L'avocat de la défense, Me Éric Downs
« *Non, non, je comprends, mais ...* »
Le juge Réjean Paul :
« *C'est une question de ...* »
Me Éric Downs :
« *... je profite de l'occasion pour signaler que sur ce point-là, si le témoin n'a pas l'expertise on peut lui demander, moi, j'ai admis que c'était un urgentologue, mais ce n'est pas un pathologiste* ».

Nous verrons plus tard comment le juge au procès a considéré les contradictions émanant des témoignages du docteur Kilmartin.

Chapitre 9
Les preuves médico-légales : *deux points de* vue

> « *On peut voir encore dans cette affaire un exemple de l'importance et de la nécessité de bien décrire et de ne se servir, en médecine légale, que de termes exacts et précis, de termes qui ne puissent donner lieu à l'équivoque ou être confondus avec d'autres, et qui, en un mot, expriment d'une manière nette et positive, l'idée que l'on veut émettre.* »[34]
> (Desbois, 1854, p. 111)

Durant la nuit du 20 au 21 novembre 2002, le coprs de Tanya Buschman a été transporté à la morgue de Montréal. Ce matin-là, la docteure Michelle Houde étant en devoir, c'est donc elle qui a effectué l'autopsie de Tanya Buschman.

À propos de la docteure Michelle Houde

La docteure Houde[35] a terminé sa spécialisation en anatomo-pathologie à l'Université de Montréal en 1986. En 1987-88, elle a été aspirant pathologiste judiciaire au Laboratoire de médecine légale de Montréal (LMLM). En 1989-90, elle a été coroner investigateur à temps partiel. En 1996, elle a suivi un stage de médecine légale de dix (10) jours au LMLM. De 1998 à 2000, elle a suivi une « formation » en pathologie judiciaire toujours au LMLM. De plus, entre 1998 et 2002, elle a suivi cinq (5) sessions d'études en pathologie judiciaire, dont une à la GRC et quatre aux États-Unis, totalisant 24 jours de formation. Comme la plupart des pathologistes judiciaires au Canada, elle n'est pas accréditée.

Elle a abandonné son emploi de pathologiste judiciaire pour occuper celui de coroner investigateur permanent dans la région de Montréal. En effet, la docteure Houde a été nommée coroner permanent, par le gouvernement du Québec le 14 décembre 2005.

---

34 Desbois. De la nécessité d'appeler deux médecins dans les affaires criminelles qui peuvent entraîner la peine capitale. *Annales d'hygiène publique et de médecine légale* 2e série, tome 2, p. 97-115, 1854.
35 Informations tirée du C.V. de la D[re] Houde, déposé lors du procès de Bérubé, pièce P-22.

> Son entrée en fonction a été fixée au 6 mars 2006. Il est à noter que dans son *Curriculum vitae*, publié en décembre 2005[36], il est mentionné qu'elle est pathologiste judiciaire depuis 1998. Pourtant dans son C.V., déposé en cour, son expérience est inscrite sous la rubrique « Études, diplômes et certificats ». De plus, dans le C.V. de 2005, il est fait mention qu'elle était pathologiste judiciaire de 1987 à 1989. Pourtant dans son C.V. de 2003, il est bien inscrit : 1987-88 aspirant pathologiste judiciaire. Comment expliquer ces grandes différences entre les deux *Curriculum vitae* ?

Lorsque la docteure Houde entame l'autopsie de Tanya Bushman, elle a certainement à l'esprit le dossier Gosselin[37] qui remonte à moins de deux semaines. Cette affaire débute le 8 novembre 2002, au cours de laquelle Gilbert Gosselin tue son ex-conjointe et maquille son geste en suicide. Rapidement, l'autopsie démontrera qu'il ne pouvait s'agir d'un suicide. En effet, plusieurs éléments permettent à la pathologiste Houde de déterminer que la victime ne s'est pas rendue par elle-même sur le lieu où elle est pendue, qu'elle a été victime une strangulation manuelle (pas nécessairement mortelle) et que les marques qu'elle présente ont été faites alors qu'elle était vivante. Confronté aux faits, Gosselin a admis une certaine responsabilité dans la mort de son ex-conjointe.

Une dispute dans la chambre à coucher?
Sur les feuilles vertes complétées[38] par la pathologiste Houde, le 21 novembre 2002, on y lit que le sergent Pierre Lasnier, de la GRC, l'informe qu'il y a « évidence de dispute dans la chambre

---

36 CV consulté le 18 décembre 2017. http://www.premier-ministre.gouv.qc.ca/actualites/communiques/2005/nominations/2005_12_15/houde_michelle.asp
37 *Gosselin c. R* (2007) Il est à noter que le sergent Lasnier, lors de l'interrogatoire de Michel Bérubé, le 29 mai 2003 vers 16h53, fait référence à l'affaire Gosselin et lui en résume les faits.
38 Il s'agit des feuilles utilisées par les pathologistes pour inscrire le « Résumé des échanges sur un dossiers ». Ce sont sur ces feuilles que sont inscrites les informations concernant un dossier en particulier, informations obtenues lors d'échanges téléphoniques ou autres.

à coucher ». Il est étonnant que ce fait n'ait jamais été mentionné au cours de l'enquête préliminaire ou au cours du procès. De plus, lorsque l'on examine les photos prises sur place, rien ne démontre un désordre résultant d'une dispute (photos 45 à 51).

Lorsque le procureur de la Couronne interroge le sergent-détective Bessette à propos des photos du 2e étage, il n'est pas question que celles-ci donnent l'impression qu'il y a eu une bagarre ou quoi que ce soit du genre. Au contraire, Bessette témoigne à l'effet que « *des traces de violence (...) j'en ai pas remarqué. J'en ai pas souvenance. J'ai fait de la vérification* ». Une lecture des notes manuscrites du sergent Lasnier, datées du 20 novembre 2002, ne font nullement mention d'une telle information. D'où vient donc l'information transmise par Lasnier ? Une réponse à cette question est indispensable.

Des informations tombées du ciel : bizarre
La docteure Houde note également que « *selon époux* », la victime est « *pendu (sic) dans le vide* » et « *ne touche pas au sol* ». Cette information ne se retrouve dans aucun des livrets de notes des policiers remis à la défense (Bessette, Cacchione, Lasnier et Whissell). D'où provient donc cette information ?

Elle poursuit en inscrivant « *outil utilisé pour couper très bien rangés* ». Encore une information qui ne se retrouve pas dans les calepins de notes des sergents-détectives. D'ailleurs, les photos prises par l'agente Chabot montrent clairement que le couteau et la paire de pince, que Michel Bérubé a utilisé pour couper le lien, se trouvent sur le plancher de la cuisine (photos 28 à 32). D'où provient cette information ?

Le 22 novembre, en fin d'avant-midi, Lasnier lui dit que « *selon une amie la victime aurait été opérée récemment à la vulve pour enjoliver et rendre plus sensible cette zone* ». Pourtant, toutes les amies de Tanya Buschman qui ont témoigné ont dit ne pas être au courant des interventions esthétiques subies par Tanya Buschman. Qui est donc cette amie ? D'où provient cette information transmise par Lasnier ?

Toujours dans ses feuilles vertes, la pathologiste Houde note qu'elle a rencontré le sergent-détective Michel Whissell le 9 janvier 2003, entre 14h20 et 15h40. Elle consigne la « *version du suspect* »[39] à propos des évènements.

Au cours de cet entretien, Whissell l'a informée que selon le docteur Kilmartin (urgence), la victime était « *en rigidités complètes* ». Le 22 janvier 2003, Whissell lui fait part au cours de l'après-midi, que « *selon MD urgence qui a reçu vic(time)* », les rigidités n'étaient pas complètes. « *Il pense que les rigidités étaient en voie de disparition* ». Les informations transmises par Whissell changent suite à sa rencontre avec le docteur Kilmartin, le 9 janvier 2003 en soirée. Il en est de même à propos du nombre de nœuds. Elle inscrit trois (3) nœuds le 21 novembre 2002, et « *3 à 4 nœuds* » le 22 janvier 2003. Étonnant ?

Toujours le 9 janvier 2003, Whissell informe la docteure Houde que la « *victime gagnait environ 100 000$/an comme coiffeuse, alors que le suspect gagnait $8.00/heure comme serveur* » à l'époque des faits[40]. Cette information, à propos des gains respectifs, présente un élément du contexte dans lequel se sont déroulés les événements et aussi du sérieux du travail policier.

---

39 S'il y a une version des faits, relatée par Michel Bérubé, il est étonnant qu'il n'en ait pas été question lors de son témoignage ou qu'elle n'est pas été déposée lors du procès.

40 Selon les propos de Michel Bérubé, consigné par Marie Lebrun, psychologue au Service correctionnel du Canada, le 6 octobre 2005, dans son *Compte rendu d'évaluation psychologique / psychiatrique*, il a « *hérité de ses parents, il n'a jamais eu de soucis sur le plan financier. Un de ses oncles, comptable de profession, s'occupait de la gestion de ses avoirs. À l'âge de vingt-deux ans, (Michel Bérubé) s'acheta une maison de ville; maison libre d'hypothèque, cinq ans plus tard* ».

Nous avons effectué une analyse minutieuse des agendas de Tanya Buschman pour vérifier le bien fondé de l'affirmation de Whissell. Ainsi, selon les chiffres inscrits par Tanya Buschman dans ses agendas 2001 (document P-29) et 2002 (document P-28), elle encaissait en moyenne 1400$ par semaine travaillée, soit quelque 60 000 $ brut par année. Nous sommes relativement loin des 100 000 $ annoncés. Bessette a déclaré « *j'ai pas fait l'analyse de l'agenda, mais tous les agendas qui étaient sur le comptoir de cuisine ont été saisis pour l'enquête* ». Selon le sergent-détective, « *c'est une mine d'information* »[41]. Comment et par qui a-t-elle été exploitée ? Par conséquent, d'où vient cette évaluation erronée ?

Des interrogations
Les différentes conclusions auxquelles la docteure Houde est arrivée, du jour de l'autopsie au jour de son témoignage au procès, suscitent des questions de fond. Questions auxquelles le docteur Claude Pothel[42] a répondu dans son analyse. Parmi les questions soulevées, il y a la définition de strangulation *versus* pendaison; les marques qualifiées d'ecchymose ou d'érosion, éraflure; il y a également, les lésions concernant les organes internes. Nous allons examiner chacune de ces questions l'une après l'autre, après avoir fait quelques remarques relatives au *Protocole d'autopsie* et au *Rapport médico-légal*.

Tout d'abord il est pertinent de s'interroger sur la durée de l'autopsie. En effet, dans ses *notes personnelles* et dans son *rapport complémentaire*, datée du 12 décembre 2002, le sergent-détective

---

41 Le sergent Lasnier a abordé la question de l'« *argent du couple* » lors du 2e interrogatoire de Michel Bérubé, le 29 mai 2003. Il devait avoir le même portrait de la situation, qui s'est avéré en partie mal fondé. De toute façon, il faut conclure que le sergent Lasnier n'a pas consulté les agendas de Tanya Buschman.
42 Le Dr Claude Pothel a été pathologiste judiciaire au LMLM de 1983 à 2002. Il a pratiqué plus de 6 000 autopsies, incluant plusieurs centaines de cas d'autopsie de victimes de meurtres, dont celle de Sandra Gaudet, dont je rends compte de l'affaire dans *Meurtriers sur mesure*. Il a été engagé comme témoin expert par Michel Bérubé. C'était la première fois qu'il témoigne pour la défense dans une affaire criminelle.

Whissell écrit qu'en date du vendredi 22 novembre 2002, selon les informations que lui transmet le sergent Lasnier, à 9h30, « *l'autopsie n'est pas encore terminée* », et à 15h30, on peut lire, toujours selon les informations que lui transmet le sergent Lasnier, « *autopsie terminée* ». Qu'en est-il vraiment, puisque dans le *Protocole d'autopsie* il est indiqué que celle-ci a débuté le jeudi 21 novembre, à 9h20, et s'est terminée à 16h50 ? Il est à noter que le protocole d'autopsie est signé, mais qu'il n'est pas daté.

En consultant le *Protocole d'autopsie* à la page 9, à la rubrique PRÉLÈVEMENTS, nous constatons qu'il n'y aucune écriture. Pourtant dans le *Rapport médico-légal*, du 24 septembre 2003, à l'item EXPERTISES COMPLÉMENTAIRES, on y lit que « *divers liquides biologiques et le contenu gastrique ont été prélevés et envoyés au laboratoire de toxicologie du LSJML* ». Cette lacune documentaire se doit d'être mentionnée.

Une omission importante
Mais avant de terminer avec les remarques concernant la rigueur avec laquelle la docteure Houde a consigné ses observations, il y a lieu de souligner que le *Rapport d'autopsie* de la docteure Houde, daté du 24 septembre 2003, comporte une omission importante : la mention de la présence du docteur André Lauzon, comme le prescrit le *Protocole d'autopsie*. En effet, dans son *Protocole d'autopsie*, daté du 21 novembre 2002 à l'item « Personnes présentes et consultants », il n'est fait mention que de l'enquêteur Lasnier[43]. Au cours de son témoignage lors du procès, la docteure Houde confirme le fait qu'elle a consulté le docteur Lauzon.

Abordons maintenant des éléments scientifiques reliés directement à la pathologie judiciaire.

---

43 C'est dans *Résumé des échanges sur un dossier* (feuilles vertes) que la Dre Houde mentionne, en date du 18 février 2003, la présence du Dr Lauzon au moment de l'autopsie.

Frederick Albert Jaffe (1920 – 2009), un pathologiste judiciaire de Toronto, insiste dans son *Guide relatif aux preuves de pathologie judiciaire à l'intention des avocats et des policiers*, sur le fait que par rapport à certains termes techniques, l'usage de termes plus familiers pour le public, s'entend pour le juge et le jury, peuvent être du point de vue de la pathologie « *vague et ambiguë* » et peuvent devoir être expliqués afin de dissiper toute confusion.

C'est dans ce contexte qu'il faut comprendre que les termes strangulation et pendaison ont été au centre d'un débat entre la pathologiste Houde, qui témoignait pour la Couronne, et le pathologiste Pothel, qui témoignait à la requête de la défense.

> **À propos de Claude Pothel, pathologiste judiciaire**
> Pathologiste judiciaire au Laboratoire de médecine légale de 1973 à 1977 et de 1983 à 2002, il témoigne pour la première fois pour la défense. Il réfute les prétentions de la docteure Michelle Houde, pathologiste au Laboratoire de médecine légale de Montréal.

Ces termes ont été définis dès le 19e siècle par Auguste Ambroise Tardieu (1818 – 1879), un médecin légiste français, qui a été le premier à distinguer rigoureusement la pendaison de la strangulation.

Strangulation VS pendaison
Observons le passé pour mieux comprendre le présent. Tel que le mentionnait le célèbre médecin français Tourdes en 1883, « *il importe, en médecine légale, de séparer nettement la strangulation de la pendaison, bien que la seconde ne soit qu'une forme de la première* »[44].

Selon lui, « *la pendaison est un des genres de mort violente les plus fréquents; elle occupe le premier rang parmi les moyens de suicide*

---

44 G. Tourdes. Strangulation (médecine légale), dans Amédée Dechambre (directeur), *Dictionnaire encyclopédique des sciences médicales*. Paris, Asselin et Masson, 1883, troisième série, tome 12, p. 308-350.

et parmi les supplices encore en usage. D'intéressants problèmes de physiologie pathologique se rattachant à cette question qui est une des plus importantes et des mieux étudiées de la médecine légale ». Ainsi, « *la pendaison doit être séparée des autres causes de mort qui agissent sur l'entrée des voies respiratoires, et notamment de la strangulation, avec laquelle elle est souvent confondue dans le langage vulgaire et même dans des études scientifiques* »[45].

Selon le pathologiste Jaffe[46], parmi les erreurs qui peuvent être commises par un pathologiste, il y a la confusion dans l'interprétation de certaines lésions post mortem.

Une des responsabilités des pathologistes est donc de conserver les organes qui pourraient devoir être examinés par un pathologiste requis par la défense. Pour le docteur Victor André Cornil (1837 – 1908), professeur d'anatomie pathologique à la Faculté de médecine de l'Université de Paris : « *Quand on procède à une autopsie, quand la vie d'un accusé peut en dépendre, il faut y apporter des soins extrêmes* ».

Le pathologiste Jaffe nous fait part du fait que le Rapport d'autopsie est un compte rendu « *scientifique* » et que le vocabulaire médical doit être utilisé avec rigueur et précision et qu'il ne doit pas être rédigé dans la perspective qu'il soit le plus court possible. Il insiste pour que dans le résumé soient mentionnés les aspects inhabituels et les questions non résolues. De plus, les personnes consultées doivent être signalées et leurs opinions présentées. Il appert, entre autres, que la docteure Houde ait négligé de révéler les informations qu'elle a recueillies du docteur Lauzon.

---

45 G. Tourdes. Pendaison (médecine légale), dans Amédée Dechambre (directeur), *Dictionnaire encyclopédique des sciences médicales*. Paris, Masson et Asselin, 1886, deuxième série, tome, 22, p. 459-522.
46 Jaffe, Frederick A. (1976/1999). *A guide to pathological evidence : for lawyers and police officers*. Scaborough, Carswell, 4e édition, 1999, 262p.

Deux pathologistes, deux points de vue

Après cette mise en contexte, voici les témoignages des pathologistes Houde et Pothel en rapport avec les questions cruciales que nous avons soulevées[47] :

Premièrement, selon la pathologiste Michelle Houde, les lésions au niveau du cou ne sont pas le seul fait du sillon de pendaison :

Q. – *Donc, dans l'hypothèse d'une personne qui a un lien autour du cou et qui tente de l'enlever par la force pourrait d'une part causer ces érosions-là, et d'autre part causer ce bleu-là ?*
R. – *Les érosions pourraient... Quelqu'un qui a un lien autour du cou, que ce soit dans un cas de suicide par exemple par pendaison ou par strangulation, ou dans le cas d'un agresseur qui place ça, ça peut être la personne qui essaie elle-même de l'enlever. Dans les suicides c'est parce qu'elle peut changer d'idée ou quelque chose comme ça, alors, ça peut être à cause de ça. Ou ça peut être aussi les ongles de l'agresseur qui peuvent aussi faire ça. La petite ecchymose par contre ça se voit plus souvent dans le cas d'un agresseur qui va manipuler le cou en appuyant ou en essayant avec sa main par exemple, c'est plus souvent dans ce cas-là qu'on retrouverait ça une ecchymose comme ça sur la victime.*

Le pathologiste de la défense, le docteur Pothel, n'est pas du tout en accord avec les explications de la docteure Houde à ce sujet :
R. – *Voici la lésion qu'on mentionne ici, une ecchymose qui pourrait être, d'après ce que j'ai entendu lors des témoignages, une empreinte de doigts. Or, sur les photos – j'aimerais qu'on me la montre – je ne l'ai pas vu cette marque. Deuxièmement, il y a de petites marques ponctiformes...enfin, quand je dis ponctiformes, c'est de la grosseur d'une tête d'épingle. On les voit ici sur le côté et c'est marqué « érosion ». Ça été décrit par la pathologiste comme étant des marques d'ongles ou bien de la victime qui essaie de se*

---

47 Voir les tableaux qui synthétisent les documents et le témoignage du Dr Houde en parallèle avec le témoignage du Dr Pothel.

défaire de la prise ou bien de l'agresseur qui met de la pression. En général, les marques d'ongles, c'est en général semi circulaire, donc en forme de demi-cercle, ou c'est linéaire allongée. Si on regarde nos ongles...bien, madame Buschman avait les ongles très courts. Donc, je ne vois pas comment des ongles, aussi pointus soient-ils...bien, elle n'avait pas d'ongles pointus. Donc, ces lésions ponctiformes n'ont pas pu être des marques de doigts causées par n'importe qui, l'agresseur ou la victime. Je pense...mon opinion est que, vraisemblablement, c'est le glissement de la corde.

Un deuxième élément

Le deuxième élément qui sème le doute dans l'esprit de la docteure Houde quant à une simple pendaison sont les fractures vitales retrouvées au cou de Tanya Bushman. Selon elle, il est improbable que ces fractures aient été causées par la pendaison et émet encore une fois l'hypothèse de l'intervention d'un agresseur :

Q. – *Est-ce que c'est habituel ça ce groupe de blessures-là à l'intérieur du cou ?*
R. – *Écoutez, dans une pendaison, dans un cas de pendaison, disons que la plupart du temps, vraiment souvent là, on n'a pratiquement pas de blessures, ok? C'est pas impossible qu'on ait des fractures, mais c'est pas habituel si on veut d'en avoir autant dans une pendaison, mais c'est pas impossible quand même. [...]*
Q. – *Et si je vous donne l'hypothèse là d'une ou de deux mains d'homme qui appuie et qui applique une force là importante est-ce que ça pourrait expliquer une partie de ces blessures ?*
R. – *On pourrait, oui on pourrait, dans une strangulation manuelle on pourrait avoir des blessures qu'on a ici au niveau du larynx, en effet, on pourrait retrouver ces blessures là. [...]*
Q. – *Mais je comprends donc qu'on peut avec les mains, si on met la force suffisante et qu'on serre autour du cou, causer ces blessures-là ?*
R. – *Ah oui! Oui, oui, oui, tout à fait.*

Encore une fois, l'avis du docteur Pothel diffère de celui de la docteure Houde. Selon lui, les fractures vitales du cou s'expliquent par une pendaison effectuée à une certaine hauteur compatible avec la disposition des lieux où était pendue Tanya Bushman, et cela est confirmé par la revue de la littérature sur le sujet. Il rejette d'emblée la possibilité d'une strangulation manuelle comme cause de ces blessures :

Q. – *Qu'est-ce que vous faites de la strangulation manuelle ?*
R. – *La strangulation manuelle également, rien n'a été mentionné au point de vue écriture dans les notes et dans le rapport final. Mais par contre, on a interprété certaines lésions internes comme des fractures du larynx ou de l'infiltration hémorragique à l'intérieur des muscles du cou comme étant une tentative de strangulation. On a mentionné une fracture du cartilage cricoïde. Donc, ça, c'est un cartilage qui appartient au larynx, à l'organe de la voix, qui est le plus bas situé. Dans les notes, aucune fracture du cricoïde n'est mentionnée, mais ça apparaît dans le rapport final d'autopsie. Je dois dire que des fractures du larynx peuvent s'observer dans une pendaison et comme on a... quand elle a mentionné la fracture du disque intervertébral au niveau de la cinquième vertèbre cervicale, elle a été obligée d'admettre que ce n'est pas une lésion compatible avec une strangulation manuelle. Autrement, il faudrait une force excessive de compression. On aurait une descente de genou, on aurait un écrasement du larynx pour avoir toutes ces lésions notées et surtout cette fracture du disque intervertébral. Cette fracture du disque intervertébral s'explique par une pendaison d'une certaine hauteur et on peut voir si la personne... si la pendaison s'est faite d'une certaine hauteur, là, on a assez de force de traction pour causer non seulement les fractures du larynx, mais aussi la rupture du disque intervertébral parce qu'une tentative de strangulation manuelle ne briserait pas ce disque intervertébral.*

Un troisième élément

La docteure Houde croit également que les blessures à la tête et à l'abdomen retrouvées sur le corps de Tanya Buschman suggèrent quelle était soit inconsciente ou soit dans un état de douleur incapacitant au moment de la pendaison :

Q. – Si on revient à une autre partie de votre témoignage antérieur là, l'ensemble des blessures de madame Bushman, donc la grosse prune à l'arrière de la tête et toutes les blessures que vous avez décrites à l'abdomen, qu'est-ce que ça entraîne chez une personne le fait de recevoir ces coups et de porter ces blessures là; dans quel état va être la personne, est-ce qu'elle peut par exemple perdre conscience ?
R. – Ce n'est pas impossible, ok. Chaque personne peut réagir de façon différente à des coups ou blessures, disons des blessures comme cette dame là présente.
Q. – Et quelle est la réaction du corps suite à ces coups portés là, qu'est ce qu'elle ressent ?
R. – Elle peut, écoutez, elle peut ressentir de la douleur là je pense que c'est une des premières choses qu'on peut avoir comme symptôme, oui, elle peut avoir de la douleur. C'est certain qu'on est tous, on est différent dans notre réaction à la douleur. Il y en a qui juste avec un petit coup là, ils peuvent tomber inconscients là, alors qu'il y en a d'autres que ça va en prendre pas mal plus avant que ça fasse, que ça ait une réaction importante. Alors, écoutez, ça va faire mal là, ça c'est sûr et certain, plus ou moins mal dépendant des individus. Des coups comme ça dans le ventre ou la tête la personne pourrait perdre conscience, elle pourrait après ça avoir mal au ventre; et si on laisse évoluer, ben là il pourrait y avoir d'autres complications. Mais quand on regarde l'état de ça, c'est entre autres ce qu'on pourrait soulever comme hypothèses, donc ça fait mal, elle peut avoir mal à la tête, elle pourrait aussi perdre conscience au moment où quand tu reçois un coup comme ça ou des impacts au niveau du ventre, elle pourrait avoir ça aussi.

Bien que le docteur Pothel admette que les lésions à la tête sont des lésions vitales, c'est à dire, qu'elles se sont produites du vivant de la victime ou à un moment très proche de la mort, il ne conclut pas à la présence d'un agresseur ayant porté des coups, mais explique ces lésions, et d'autres retrouvées sur l'ensemble du corps, par des phénomènes survenant lors de la pendaison :

R. – ... *La même chose avec l'hématome en arrière de la tête, si on dit qu'il y a eu un appui au dos par la pâleur, si on pense qu'il y a un appui au dos, la tête n'est pas droite et lors d'une convulsion ou lors de convulsions au pluriel, plusieurs parties du corps peuvent se frapper contre une surface contondante et on peut avoir des lésions qu'on interprète comme étant un coup alors que ça peut être des projections contre une surface.*
Q. - *Ces projections-là peuvent survenir à quel moment ?*
R. – *L'hématome est fait du vivant de la personne. Ça, il n'y a aucun doute là-dessus. Elle était vivante quand elle a eu l'hématome.*
Q. – *Oui.*
R. – *Mais la convulsion dans une pendaison, ça peut prendre 20 minutes pour se faire avant de mourir. Alors, les convulsions, ça peut être assez fort, assez généralisés et le corps va frapper plusieurs parties du corps. Dans ma carrière, j'ai vu de telles convulsions. Quelqu'un a filmé sa pendaison, a mis un appareil, on a vu les convulsions, on a vu les lésions produites quand le corps a frappé certaines parties. Ça, je l'ai vu et cette cassette est au Laboratoire.*

Les lésions à l'abdomen s'expliquent par les conséquences de la pendaison et la décomposition normale des organes, elles ne sont donc pas le résultat de coups. Le docteur Pothel explique ces lésions dans ces termes :

Q. – *Au niveau, là, anatomique, là, parce que là, vous nous avez parlé des phénomènes post-mortem qui peuvent expliquer ces lésions internes-là à l'abdomen, j'ai ici, là, des schémas internes que vous m'avez remis. Qu'est-ce que...pourquoi ces documents là sont utiles ?*
R. – *Je voulais voir et quand docteur Houde a mentionné au moins deux impacts à l'abdomen, là, un qui atteindrait le rein gauche...le*

rein droit, je m'excuse, et puis l'autre, je ne sais pas si j'ai manqué ce bout, là, l'autre peut-être vers le mésentère et le pancréas et puis il laissait le diaphragme, mais dans l'abdomen, enfin le pancréas, moi je pense que c'est de l'autolyse et c'est un changement de décomposition, et on a le mésentère ici, là, c'est plein de gros vaisseaux comme j'ai dit qui sont distendus, là, et qui peuvent laisser suinter du sang lors de la pendaison, par phénomène de gravité, et sous la capsule ça s'est juste sur la surface des reins...

Q. – Alors, au niveau anatomique, les phénomènes ou infiltrations sanguines observées par la docteur Houde, vous estimez que ça peut pas être de nature contondante, causé par un objet contondant ou...
R. – C'est ça. Comme j'ai dit, ça prend un gros impact avec compression de ces organes contre les vertèbres et en général les tissus se déchirent. J'en ai fait suffisamment d'enfants battus, et caetera, pour savoir le mécanisme de production de ces lésions. Des fois, on voit du sang dans la paroi des muscles et le mésentère, ça se déchire facilement. Ici, on a pas de sang, on a pas une goutte de sang dans la cavité abdominale. C'est simplement de l'infiltration sous la capsule. Le pancréas, je pense que c'est (inaudible) post-mortem en tout...c'est mon impression. Et le diaphragme, c'est un point cinq centimètre comme suffusion. Donc, je pense que c'est des hémorragies vraisemblablement post-mortem qui peuvent donner l'impression de vraies infiltrations. C'est mon impression.

La docteure Houde dit aussi que plusieurs lésions sur le corps de Tanya Buschman sont suspectes et ne peuvent s'expliquer seulement par la pendaison. Ces lésions suggèrent une altercation physique entre deux personnes. Le docteur Pothel explique la plupart de ces mêmes lésions comme étant le résultat de la position du corps, de la gravité ou encore des convulsions, et il conclut que puisqu'il n'y a pas de signe évident d'une bagarre ou d'une altercation sur les lieux, comme des sécrétions de sang ou de traînage et du hissage d'un corps, il est peu probable qu'il s'agisse d'un meurtre camouflé en pendaison.

Puis un quatrième...
Le quatrième élément que la docteure Houde soulève est l'impossibilité que Tanya Buschman ait elle-même effectuée un lien si serré autour de son cou :

Q. – *Dans l'hypothèse où il n'y a pas de nœud coulant ?*
R. – *Ça n'a pas d'effet de nœud coulant, si c'est pas un nœud coulant, bien, à ce moment-là une personne – ça là moi j'en ai de la corde à linge chez nous là, j'ai déjà essayé d'installer ça puis de faire le nœud là pour l'accrocher, puis c'est dur, c'est très difficile à nouer serré ça, ça a toujours tendance à se défaire; en tout cas, moi c'est l'expérience que j'ai avec ma corde à linge là. Mais quand on met ça autour du cou, d'abord de serrer une première fois, et après ça, il faut avoir le temps de resserrer une autre fois, puis de resserrer, si tous ces nœuds-là sont serrés un par-dessus l'autre, écoutez...*
Q. – *Il faut avoir le temps pourquoi ?*
R. – *Écoutez, quand on le serre, il faut avoir le temps de faire ça avant de perdre conscience. Parce que quand on exerce une pression sur le cou et que cette pression-là est soutenue là, ça va prendre à peu près six à dix secondes avant que quelqu'un perde conscience, je vous dis pas qu'elle, elle meurt pas nécessairement à ce moment-là là, mais au bout de six à dix secondes d'une pression constante sur le cou, une pression suffisante, on va perdre conscience.*
Q. – *Alors ?*
R. – *Fait que faire un nœud, de serrer d'abord le lien, de faire un nœud et de le serrer, d'en faire un autre et de le serrer, compte tenu que c'est difficile de serrer ça avec ses mains, euh...Moi je me demande comment quelqu'un arriverait, j'ai des doutes à ce qu'une personne soit capable de se rendre au bout de trois nœuds avec ça, serrer les trois nœuds sans perdre conscience, j'ai de la misère à... je peux pas m'imaginer ça là, je peux pas figurer ça là, parce que c'est trop dur à serrer vraiment, de ce que vous me dites là, de la façon que vous m'expliquer ça si c'est serré un contre l'autre là.*

Il semble encore une fois que la pathologiste n'ait pas pris en considération les phénomènes normaux provoqués par la pendaison, et son analyse est toute autre que celle du docteur Pothel :

Q. – *Maintenant, sans qu'une personne puisse suffoquer, comment peut-elle d'elle-même faire des nœuds pour par la suite se pendre ?*
R. – *Il y a des cas...*
Q. – *Oui.*
R. – *...non seulement de pendaison, mais de strangulation au lien. [...] Maintenant, même si c'est serré, la personne garde toujours son degré de conscience avant de la perdre. Donc, la personne peut, après avoir mis des nœuds serrés, se pendre. Il y a toujours un petit jeu, la plupart du temps c'est pas serré dès le début lors de l'infliction, mais ça va devenir serré à la suite de la pendaison. Ça devient serré et puis le cou va enfler à cause du blocage des veines dont j'ai parlé hier, des vaisseaux qui fait que le visage enfle, le cou enfle et un lien peut paraître plus serré qu'il ne l'était antérieurement quand ça été posé.*
Q. – *Qu'est-ce qui cause ça que c'est justement ce lien qui devient plus serré ?*
R. – *Bon, l'enflement et le gonflement des tissus.*

Selon le docteur Pothel, ce type de corde ne présente pas de difficulté particulière :

Q. – *Maintenant, quand on parle ici de corde à linge et de la possibilité de faire avec de la corde à linge telle que les pièces qui ont été produites, qu'est-ce que vous pouvez dire sur cette possibilité là ?*
R. – *Bon. Une corde à linge, les nœuds peuvent se faire facilement et on a essayé une telle corde et on n'a pas eu de misère à faire trois liens facilement avec cette corde.*

La pathologiste a aussi demandé des analyses biologiques sur les prélèvements effectués sous les ongles de Tanya Buschman pour confirmer ou non une altercation avec un autre individu ainsi que sur les prélèvements recueillis au niveau du vagin et de l'anus pour la présence de sperme. Pour les analyses des prélèvements effectués sous les ongles, elle dit que c'est presque une routine au Laboratoire de réaliser ces tests, surtout dans le cas d'une mort suspecte ou d'un suicide. Pour ce qui est des prélèvements pour trouver des traces de sperme, elle commence par dire que ce sont des tests pour fins d'élimination puisque Tanya Buschman était peu vêtue, bref, seulement pour exclure des possibilités.

C'était suite aux propos et au rapport du docteur Kilmartin
En réponse aux questions de l'avocat de la défense, elle dit que c'était suite aux propos et au rapport du docteur Kilmartin :

R. – C'était plus, je dirais pas de routine dans ce cas-là, c'est un peu plus que ça, mais c'était vraiment pour éliminer là dans le fond, c'était plus pour ça.
Q. – *En fait, si je vous suggère là qu'il y avait peut-être plus que ça ici, c'est que selon les informations qui vous venaient des policiers et du docteur Kilmartin, c'est qu'il y aurait eu présences de lésions au niveau de l'anus, au niveau du vagin, le docteur avait noté ça lui, le docteur Kilmartin, c'est exact ?*
R. – *Oui, c'est vrai, oui.*
Q. – *Alors, c'était une des raisons qui vous motivait à faire un prélèvement?*
R. – *En fait c'est vrai oui, vous avez tout à fait raison.*

Ces prélèvements ont été effectués même si la docteure Houde n'a pas elle-même constaté de lésions traumatiques au niveau de ces régions et que la dilatation de l'anus ainsi que la présence de sang dans le vagin et dans l'anus étaient des phénomènes attribuables à la gravité d'un corps suspendu.

Deux points de vues opposés
Bref, les points de vue des docteurs Houde et Pothel sont diamétralement opposés. Non seulement ces deux médecins ont

des points de vue opposés, mais la docteure Houde a également des points de vue opposés sur la façon dont Tanya Buschman est décédée. En effet, dans le *Protocole d'autopsie*, établi en 2002, elle attribue la mort à une *Asphyxie par strangulation au lien*, en d'autres mots « *c'est une asphyxie par étranglement à l'aide d'un lien* » comme elle l'a précisé lors de l'enquête préliminaire, en 2004, tandis que dans le *Rapport d'autopsie* complété l'année suivante, la cause de la mort est une *Asphyxie par compression du cou*, c'est à dire « *la compression du cou avec les mains. Ça peut être avec une main, ça peut être avec deux mains* » selon son témoignage au procès, en 2005.

Comment expliquer que du jour de l'autopsie, jusqu'au moment de la rédaction du Rapport, un an plus tard, la cause de la mort passe de l'usage d'une corde à celui des mains?

Chapitre 10
Faire la part des choses

Rappelons que Robert Poirier, à l'époque assistant de recherche à la Faculté de droit de l'Université de Sherbrooke, dans son analyse du rôle des experts auprès des tribunaux pénaux, signale que « *plusieurs (experts) ont admis qu'il n'était pas de leur responsabilité de transmettre* à la défense les faiblesses qu'il pouvait y avoir dans leur rapport d'expertise ». Comme le dit un pathologiste judiciaire rencontré par Poirier : « *c'est pas que tu caches quelque chose, mais tu sais où sont les points forts puis les points faibles de ton affaire* ».

Comme le souligne le juge Stephen T. Goudge[48], président de la Commission d'enquête sur la médecine légale pédiatrique en Ontario, les pathologistes au Canada, compte tenu du fait que la plupart d'entre eux n'ont pas de formation officielle et ne sont pas accrédités, doivent « *avoir l'expérience nécessaire* » pour être en mesure de faire un travail sérieux. La docteure Houde ayant reçu une formation de deux ans (1998-2000) au Laboratoire de sciences judiciaires et de médecine légale (LSJML), elle avait donc à peine deux ans d'expérience pour analyser un cas particulièrement « *difficile* » et « *très rare* » selon ses propres termes. Le docteur Pothel avait 20 ans d'expérience à l'époque du procès, il avait pratiqué quelques six milles autopsies dont plus de six cents concernant des meurtres.

Les preuves génétiques
Les expertises des prélèvements sur le corps de Mme Bushman pour la recherche de sperme ainsi que les expertises sur le bâton de baseball, sur les outils, sur la corde et le nœud se trouvant sur le barreau de la rampe d'escalier, ont été effectuées par M. François Julien, expert en biologie judiciaire au LSJML.

---

48 Goudge, Stephen T. (2008). Rapport de la Commission d'enquête sur la médecine légale pédiatrique en Ontario. Toronto, Imprimeur de la Reine pour l'Ontario, 2008, volume 2, 308p.

À propos de François Julien, biologiste
Il est biologiste au LSJML. Il a été reconnu comme expert lors du procès de Bérubé.

Le 26 novembre 2002, le sergent-détective Wissell demande une expertise d'un bout de corde saisi dans le garage et qui correspondrait à celle trouvée autour du cou de Tanya Buschman. En effet, Wissell estime que Michel Bérubé aurait une blessure à la main en lien avec cette corde. M. Julien a oublié de mentionner dans son rapport les résultats des tests pour cette portion de corde. Pourtant Julien a les résultats avec lui lorsqu'il témoigne : « *c'est absolument négatif* ». Un résultat qui contredit la thèse policière. En effet, si Michel Bérubé s'est blessé avec ce bout de corde, Julien y aurait trouvé des traces de sang et l'ADN de Bérubé.

Aucune trace d'ADN appartenant à une autre personne
M. Julien a reçu, le 22 novembre 2002, une série de prélèvements de la part de la pathologiste Houde : un échantillon de sang, de cheveux et d'ongles des mains gauche et droite de Tanya Bushman ainsi que des prélèvements buccal, anal et vaginal. Bien qu'il y ait effectivement des traces de sang dans la bouche, le vagin et le rectum, aucune trace d'ADN appartenant à une autre personne que Tanya Bushman n'a été trouvée.

R. – *Le profil génétique de madame a été trouvé au niveau de son prélèvement vaginal et anal. Donc, j'ai retrouvé madame dans madame ce qui est à peu près normal.*
Q. – *Je comprends, mais il n'y a pas d'ADN de d'autres personnes à ce moment-là?*
R. – *J'en ai pas retrouvé d'autres.*

Il en va de même pour l'analyse des ongles :
Q. – *Y compris ses ongles, n'est-ce pas, parce que vous avez, sous ses ongles, vous n'avez pas pu identifier de l'ADN provenant d'une autre personne. C'est exact?*
R. – *En fait, sous ses ongles...*
Q. – *Oui?*

R. – ... *qu'est-ce qui est arrivé, il y a très peu de matériel et j'ai pas pu trouver rien de significatif en dessous des ongles.*

Il reçoit aussi un poil retrouvé sur le périnée de Mme Bushman. Les tests effectués sur le pigment pileux ont démontré que ce dernier n'appartenait ni à Tanya Bushman, ni à Michel Bérubé :
R – [...] Je vous l'ai mentionné tout à l'heure, la racine du tégument pileux prélevé au niveau du périnée de madame Buschman ou de l'entre-jambe, si vous voulez, ce profil correspond à une femme. Il y avait une racine ce tégument pileux. Il y avait une racine qui correspondait à une femme et c'était pas celui de madame Buschman. C'était une autre femme. Une femme inconnue dans le dossier. On n'a jamais eu d'échantillon ou de comparaison de quelque femme que ce soit pour vérifier dans ce dossier-là[49].

Encore une fois, aucune démarche n'a été entreprise pour trouver l'identité de cette femme.

Q. – *O.K. Relativement à une référence future pour identifier à qui pourrait appartenir ce pigment pileux, est-ce que vous avez entrepris une démarche?*
R. – *Bien, écoutez, la façon de faire, généralement, c'est quand on voit quelque chose comme ça, on le mentionne aux enquêteurs. Et c'est à eux à prendre ces démarches-là. Nous autres, légalement, on ne peut pas commencer à entamer des démarches. Puis le ou les enquêteurs, dépendant, sont avisés et c'est à eux à quelque part d'entreprendre des démarches.*

Cependant, les données génétiques extraites ont été versées au fichier criminalistique de la banque nationale des données génétiques pour référence future.

---

49 Rappelons que sur une des photos prise par l'agente Chabot, on voit un gobelet à café provenant d'une chaine de restaurant rapide. Y a-t-il un lien entre les deux?

Selon l'enquêteur principal au dossier, le sergent-détective Whissell, Julien a reçu le 26 novembre 2002 deux portions de corde à linge et, le 5 décembre 2002, un petit bâton de baseball. Aucune trace de sang n'a été décelée sur le bâton de baseball. La première portion de corde provient d'un bac trouvé dans le garage de la maison de Michel Bérubé et de Tanya Bushman. Tel que mentionné plus tôt, Whissell a demandé cette expertise, car selon lui, Michel Bérubé ayant une blessure à la main, celle-ci pourrait être en relation avec fils de fer de cette corde. M. Julien ayant oublié de mentionner dans son Rapport les résultats des tests pour cette portion de corde, cela donne lieu à un imbroglio lors de l'enquête préliminaire. Voici ses réponses :

LA COUR :
Q. – *Il y a FJ4*
Me ÉRIC DOWNS :
« Bien oui. »
R. – *C'est ça, 86812*
Q. – *Bon, c'est quoi ça 86812, est-ce l'extrémité de la corde...*
Me JEAN LECOURS :
« Nous sommes prêts à admettre que ce sont les deux lots de corde qu'il y avait dans le garage dans la caisse à lait. »
Me ÉRIC DOWNS :
O.K.
LA COUR :
Q. – *Parce que je cherchais dans le rapport quelque chose concernant FJ4, je ne l'ai pas vu.*
R. – *Moi aussi je cherche. C'est peut-être qu'il n'y avait pas d'ADN d'extrait sur cette portion de corde-là, je vérifie.*
Me ERIC DOWNS :
Q. – *C'est exactement ça, moi non plus je n'ai rien vu sur FJ4. C'est pour ça que...*
R. – *Je vais vérifier.*
R. – *Ça peut couper le débat assez vite.*
LA COUR :

Q. – *Oui, allez-y.*
R. – *Il y a, effectivement, c'est que dans le rapport, je n'en fais pas mention, mais il n'y a absolument aucun ADN qui a été, pour des raisons de quantité ou de qualité de l'ADN qu'on a tenté d'extraire, il n'y a absolument aucun ADN qui a été extrait sur ces bouts de cordes-là. J'ai ici les résultats, c'est absolument négatif.*

N'est-il pas étonnant que l'ensemble des résultats d'analyse ne soit pas inclus et présenté dans un rapport d'expert ? Suite à une recommandation de la Cour, monsieur Julien promet de faire un second rapport concernant les expertises et les résultats pour cette portion de la corde.

Une troisième personne?
La deuxième portion de la corde est celle fixée à la rampe d'escalier à l'aide d'un nœud. Monsieur Julien a d'abord fait une expertise sur l'extrémité libre alors que l'expertise demandée était au niveau du nœud. Il croyait au départ que cette portion de corde était celle retrouvée au cou de la victime et ne voulait pas tenter d'expertise, car il avait connaissance que le nœud avait été manipulé par plusieurs personnes. Quoiqu'il en soit, le profil génétique trouvé sur l'extrémité libre appartenait à Bérubé, à Tanya Bushman ainsi qu'à **une troisième personne**. Le nœud quant à lui portait les profils génétiques partiels de Michel Bérubé et Tanya Buschman. La présence de l'ADN de Tanya Bushman pourrait s'expliquer par le fait que c'est elle qui a effectué le nœud et celle de Michel Bérubé par le fait qu'il a tenté de défaire celui-ci.

Aucune expertise d'ADN n'a été effectuée sur la portion de la corde qui se trouvait au cou de Tanya Buschman, car elle a été manipulée par le docteur Kilmartin et des policiers. De plus, les nœuds ont été défaits et refaits par Kilmartin. Mais si une analyse avait été demandée par les policiers, il aurait peut-être été mis en évidence la présence d'ADN de Tanya Bushman et ainsi soutenir l'argument qu'elle a manipulé la corde pour y faire les nœuds. Une recherche d'ADN complète sur tous les objets que Tanya Bushman aurait éventuellement manipulé aurait permis éventuellement de soutenir différentes hypothèses.

Nous avons ici un exemple que des expertises peuvent être demandées en fonction des hypothèses policières et non dans un souci de recueillir un maximum d'informations pour avoir une vue d'ensemble de la scène de crime la plus complète possible.

Chapitre 11
Le procureur de la Couronne

La corde qui a servi à la pendaison de Tanya Buschman a fait l'objet de plusieurs questions. La première concerne le nombre de nœuds qui se trouvaient au niveau du cou. À cet égard, les déclarations du docteur Kilmartin sont loin d'être constantes et varient au cours des procédures (voir tableau 1).

Pourquoi les policiers ont-ils tant tardé ?
Il y a aussi la reconstitution qui a été effectuée tardivement, c'est-à-dire sept semaines après l'évènement, soit le 9 janvier 2003, en soirée. Pourquoi les policiers ont-ils tant tardé ? Devant l'incertitude face au nombre de nœuds, pourquoi ont-ils utilisé la corde concernée et n'ont-ils pas utilisé un échantillon de la corde saisie dans le garage ? Ainsi, le lien original aurait été gardé en l'état tel qu'il était après avoir été détaché. Il aurait alors été possible d'examiner les modifications qui y apparaissaient et éventuellement avoir une idée de la façon dont les nœuds avaient été faits.

Cette reconstitution étant toute aléatoire, La mémoire du docteur Kilmartin, semblable à celle de n'importe quel autre témoin, n'est pas un gage de vérité. Il en a fait la démonstration lors de ses différentes comparutions. Voici, par exemple, ce qu'il a répondu lors du procès lorsque qu'il a été interrogé par le procureur de la Couronne :

Q. *On constate que la corde (P-33) que vous avez sous les yeux forme une boucle et **trois** nœuds, qui a fait ces nœuds-là ?*
R. *Probablement que j'ai fait les nœuds parce que ça a été apporté à mon bureau. On m'a demandé de refaire les nœuds, de recréer les nœuds et je crois que ce sont les mêmes nœuds. Alors, ce sont les mêmes qui étaient sur la victime lorsqu'elle est arrivée.*
Q. *Alors, je comprends de votre témoignage que l'état dans lequel se trouve la corde sous vos yeux est semblable à ce que vous avez constaté sur le cou de Tanya Buschman ?*

R. *Oui.*

Quelques minutes plus tard, voici ce qu'il a répondu aux questions de l'avocat de la défense :
Q. *Vous avez témoigné relativement à la corde P-33, est-ce que je peux voir ? À votre connaissance, à l'heure actuelle, il y a combien de nœuds sur cette corde-là ?*
R. *Il y en a **deux**...*[50]

Le procureur de la Couronne indique verbalement au docteur Kilmartin qu'il y a trois nœuds sur la corde, celui-ci acquiesce à son affirmation en confirmant « *que l'état dans lequel se trouve la corde sous (ses) yeux est semblable à ce qu('il a) constaté sur le cou de Tanya Buschman* ». Quand l'avocat de la défense lui demande combien il y a de nœuds, il répond deux. Si la corde qu'il a sous les yeux correspond à ce qui s'est présenté devant lui le 20 novembre 2002, celle-ci devait avoir deux nœuds ? Il ne faut pas oublier que le docteur Kilmartin a été considéré comme un expert urgentologue. Comment concilier le titre d'expert avec une absence de minutie comme l'a démontré le docteur Kilmartin en rendant des témoignages si différents en ce qui concerne les nœuds, l'heure de la mort et la rigidité cadavérique ?

Le lien manipulé par le docteur Kilmartin a été déposé en preuve. Pourtant, il ne fait la preuve de rien. Par contre, il a certainement eu un impact psychologique sur les membres du jury. N'est-ce pas la raison pour laquelle le procureur de la Couronne l'a produite ?

La minutie du procureur de la Couronne

Le plus grand sérieux et la plus grande minutie doivent présider au travail des procureurs de la Couronne puisque ceux-ci auront pour éventuelle conséquence de priver des personnes de leur liberté.

---

50 Souligné par l'auteur.

L'ampleur de la contamination du contenu des témoignages
Dans l'affaire Michel Bérubé, on peut noter des erreurs étonnantes, dont celle concernant Josée Duplessis. Celle-ci a été appelée comme témoin en dépit du fait qu'elle ne connaissait pas Tanya Buschman. Par contre, dans le Rapport complémentaire rédigé par le sergent Alain Carrier, on peut lire que selon Mme Duplessis, Tanya Buschman « *ne semblait aucunement dépressive ou suicidaire. Elle était souriante et pimpante comme d'habitude* »[51].

> À propos de **Alain Carrier, sergent, matricule 4246**
> Il est chargé de prendre la déclaration de certains témoins, dont celle de madame Josée Duplessis qui n'avait jamais rencontrée Tanya Buschman! Comment expliquer qu'un policier d'expérience ne se soit pas enquis de ce fait crucial avant d'enregistrer les propos d'une supposée témoin ?
>
> Dans une autre affaire survenue 12 juin 2003, Carrier est le superviseur des deux agents du SPVM qui ont effectué une arrestation sans mandat, une fouille et une détention inutile alors qu'une citation à comparaître était suffisante. Les trois policiers ont reconnu avoir abusé de leur autorité et avoir déconsidéré la fonction policière.

Des témoins et des personnes étrangères à l'événement ont discuté de l'état d'esprit de Tanya Buschman dans les jours suivants son décès. Il est donc difficile d'établir l'ampleur de la contamination du contenu des témoignages. Voici l'imbroglio survenu au procès :

Interrogée par Me Pierre Poulin
Q. – *Alors, Madame Duplessis, avez-vous déjà rencontré Tanya Buschman?*
R. – *Non, je ne la connais pas.*
Q. – *Vous ne la connaissez pas. L'avez-vous déjà...*

---

51 Rappelons que madame Josée Duplessis a contacté les policiers le 26 novembre 2022, soit trois jours après avoir discuté avec Andréa Cadotte.

R. – *Ni de vue, ni de nom. Pas du tout.*
Q. – *L'avez-vous déjà rencontrée?*
R. – *Non.*
Q. – *Alors, à quel endroit vous faites-vous coiffer les cheveux?*
R. – *Au Salon Discrétion, à l'Île Bizard, qui est là ma coiffeuse, Andréa Cadotte.*
Q. – *Et, êtes-vous allée en novembre deux mille deux?*
R. – *Oui, le samedi suivant le décès de madame Buschman.*
Q. – *Le samedi suivant. À quelle date?*
R. – *Je m'en rappelle pas. Le samedi suivant le décès* (soit le 23 novembre 2002).

Me Pierre Poulin
- *Je vais vous demander une minute, Monsieur le juge, parce qu'il y a un petit problème. Alors, j'ai pas d'autres questions pour le témoin. [...]*
- *Bien, justement, c'est qu'il y a eu une erreur dans les déclarations, Monsieur le juge, alors il y a eu un malentendu. Alors, j'ai pas d'autres questions.*

Et le juge Réjean Paul de conclure :
« *Alors, au point de vue pratique, c'est comme si le témoin n'avait pas témoigné* ».

Comment expliquer que Me Pierre Poulin ait pu convoquer un témoin dont il ignore totalement les informations qu'il pourrait révéler ? Nous sommes également interpelés par le type de collaboration qu'il peut y avoir entre le procureur et le policier chargé de l'assister. En effet, le sergent-détective Whissell, à titre d'assistant collaborateur du procureur de la Couronne était censé bien connaitre le contenu de son dossier et de la preuve.

Pourquoi le procureur de la Couronne s'est-il objecté à la production du Rapport du pathologiste Pothel pendant que celui-ci témoignait ? Si le mandat du procureur de la Couronne est de faire la lumière sur un évènement, pourquoi ne pas faciliter la tâche des témoins et des jurés ? Particulièrement dans un dossier complexe et difficile, il paraît logique que le procureur de la Couronne fasse tout en son pouvoir pour que le jury puisse comprendre le mieux possible des notions cruciales et peu évidentes pour le commun des mortels.

Cinq erreurs de faits

Il est intéressant de parcourir le Mémoire de l'intimée, présenté devant la Cour d'appel du Québec, rédigé par la procureure de la Couronne, Me Carole Lebeuf. En effet, elle déclare des faits erronés :

Au paragraphe 6, elle affirme que « *l'appelant (Michel Bérubé) a dit au docteur Kilmartin s'être disputé avec son épouse la veille et que les blessures qu'il portait au visage et aux mains provenaient de l'attaque au cours de laquelle il a dû se défendre* ». Nulle part dans la preuve, soit le témoignage du docteur Kilmartin et des autres témoins, il a été fait état que Michel Bérubé a fait une telle déclaration, c'est à dire que ses blessures aux mains résultaient de la dispute qu'il avait eue avec Tanya Buschman;

Au paragraphe 7, elle a inscrit « *le lendemain matin (21 novembre), il (Michel Bérubé) a été libéré* ». En fait, Michel Bérubé a subi un interrogatoire de la part du sergent-détective Yves Beaulieu, de 16h30 à 20h50, malgré le fait que son avocate ait fait parvenir, par télécopie, avant que l'interrogatoire ne commence, une lettre au sergent-détective Wissell stipulant que Michel Bérubé entendait se prévaloir de son droit au silence. Il a été finalement libéré tard dans la soirée du 21 novembre vers 23h10[52].

---

52 Il semble que les médias soient mieux informés que la procureure de la Couronne. En effet, Marcel Laroche (2002), de *La Presse*, Jérôme Dussault (2002), du *Journal de Montréal*, et S. Banerjee (2002), de *The Gazette*, dans leur édition respective du 22 novembre 2002 notent que Michel Bérubé a été interrogé dans l'après-midi et la soirée du 21 novembre. Sous la plume de S. A. Sévigny (2003), dans le *Suburban* du 27 février 2003, il est fait mention que Michel Bérubé a été libéré 23 heures et 50 minutes après son arrestation. D'ailleurs ces articles de presse se trouvent dans le dossier de la Couronne divulgué à la défense.

Au paragraphe 8, elle allègue que « *le matin du 20 novembre 2002, l'appelant (Michel Bérubé) portait de nombreuses marques et ecchymoses au visage et aux mains* ». Il est établi que Michel Bérubé avait des marques au visage; quant à savoir s'il s'agissait d'ecchymoses, la preuve n'en a pas été faite.

Toujours au paragraphe 8, Me Lebeuf déclare « *il est improbable de croire que Mme Buschman soit parvenue elle-même à serrer aussi étroitement derrière son cou les trois nœuds simples sans perdre conscience auparavant. Cette éventualité est encore plus invraisemblable si l'on tient compte du type de corde, difficile à manier et à partir de laquelle le Dr Kilmartin a été incapable, lors de la reconstitution des nœuds, de nouer le troisième* ». Me Lebeuf néglige de mentionner que les nœuds pratiqués par le docteur Kilmartin ont été faits sur le bout de corde que Tanya Buschman avait autour du cou au moment de son arrivée à l'hôpital et que celui-ci fait environ 50 centimètres de longueur. Probablement personne ne peut faire trois nœuds sur un tel bout de corde. De fait, la personne qui a fait les nœuds utilisait une corde d'au moins deux mètres, ce qui est à la portée de tous et chacun.

Au paragraphe 13, elle prétend que « *deux témoins (Verral et Mambro) ont été entendus dans le cadre de la défense en vue d'établir que le transport du véhicule de Mme Buschman à destination de Calgary n'avait pas été annulé et devait avoir lieu comme prévu, le 21 novembre 2002* ». Il est vrai que le transport n'a pas été annulé, mais le témoignage de ces témoins visait à démontrer que le témoin Mambro a parlé avec une personne, entre 11h45 et 14h00, le 20 novembre 2002. Malheureusement, l'erreur du policier Bessette qui n'a pas saisi les répondeurs est irréparable, et n'a pas été soulignée par Me Lebeuf.

En moins de six pages, la procureur de la Couronne a commis cinq erreurs de faits importantes.

Dans son mémoire, Me Lebeuf souligne la compétence du docteur Kilmartin et la compare, entre autres, à celle du docteur Pothel. En dépit des contradictions dans ses témoignages et son admission qu'il n'est pas pathologiste et qu'il ait reconnu ne pas être en mesure finalement de répondre à certaines questions, Me Lebeuf soutient qu'il s'agit d'un expert compétent, équivalent au docteur Pothel et à la docteure Houde.

Chapitre 12
En route vers l'erreur judiciaire

Le docteur Kilmartin a fait plusieurs déclarations contradictoires dans ses différents témoignages lors de l'enquête préliminaire (13 janvier 2004), du voir-dire (24 janvier 2005) et au cours du procès (21 février 2005). Voici un exemple d'intervention du juge lors du procès :

L'avocat de la défense, Me Éric Downs :
Q. – *C'est exact de dire également que lorsque vous avez témoigné le 24 janvier dernier, devant le juge Paul, maître Poulin (avocat de la couronne) vous a posé la question « Et à votre avis, compte tenu de sa rigidité, là, le décès remontait à quand ? ». Vous avez répondu « C'est difficile à dire. Ça aurait pu être quatre, cinq, six, dix heures ». Est-ce vrai que vous avez dit ça?*
R. – *Selon l'état de la rigidité, ça pouvait être le début ou la fin de leur installation, ça pouvait donc être trois ou quatre heures ou bien plus de dix heures, plus de 12 heures.*
Q. – *Ce qui m'intéresse c'est ce que vous avez déclaré dernièrement, le 24 janvier, vous avez bien dit quatre, cinq, six, dix heures, c'est exact ?*
R. – *Oui.*

À ce moment, le juge Réjean Paul intervient :
« Mais, en toute justice pour le témoin, il a dit également que c'était difficile à évaluer. »

Me Éric Downs, réagit :
« Je comprends, mais aujourd'hui … »

Le juge Réjean Paul
« Non, non, non, mais … »

Me Éric Downs

« Je comprends, mais aujourd'hui, monsieur a parlé de 14 à 24 heures. »

Le juge Réjean Paul

« Hum, hum! Puis c'est difficile à évaluer, c'est ce qu'il vient de dire. »

Me Éric Downs

« Le point c'est pas juste la façon que ça soit difficile à évaluer, monsieur le juge. C'est aussi la contradiction entre le témoin qui, le 24 janvier dit autre chose… »

Le juge Réjean Paul

« Quand on commence … non, non, non, non, non. »

Me Éric Downs

« Puis aujourd'hui il déclare … »

Le juge Réjean Paul

« Maître Downs ! Maître Downs ! »

Me Éric Downs

« … autre chose. Oui. »

Le juge Réjean Paul

« Vous avez assez d'expérience. Quand le témoin dit que c'est difficile à évaluer, essayer de lui imputer une déclaration très précise, ce n'est pas correct. »

Q. – *Alors, si je comprends bien, pour vous le décès pourrait être n'importe quand entre quatre et 24 heures ?*
R. – *Je ne suis pas pathologiste.*

Pourquoi le docteur Kilmartin n'a-t-il pas déclaré à la Cour dès le départ qu'il n'est pas pathologiste et qu'il n'est pas en mesure de donner une évaluation relative à l'heure du décès, ce qu'il a fait à plusieurs reprises pourtant et ce dès l'arrivé des policiers ?

La Cour suprême du Canada a établi que « *la preuve doit être présentée par un témoin (expert) dont on démontre qu'il ou qu'elle a acquis des connaissances spéciales ou particulières grâce à des études ou à une expérience relatives aux questions visées dans son témoignage* »[53]. Pourquoi la Cour n'a-t-elle pas exclu la partie du témoignage du Dr Kilmartin portant sur des questions de médecine légale, puisqu'il a admis ne pas être pathologiste, pour expliquer ses différentes contradictions. Il l'a fait à propos du témoignage de madame Duplessis : « Alors, au point de vue pratique, c'est comme si le témoin n'avait pas témoigné ».

La Cour dans ce cas aurait pu tenir compte du « *facteur fiabilité-effet (qui) revêt une importance particulière dans l'appréciation de l'admissibilité de la preuve d'expert* »[54]. En principe, un juge a pour mission de s'assurer que les questions en jeu soient éclaircies du mieux possible et que toute ambiguïté soit évitée.

Le système de justice « adversarial » et la recherche de la vérité
Le commun des mortels pense que le système de justice pénal vise à « faire jaillir la lumière » sur les circonstances d'un crime. En d'autres mots, tout faire pour que LA vérité soit dévoilée, et qu'ainsi l'on puisse rendre une décision juste et conforme à la réalité et au droit. Dans les faits, la situation est très différente. En effet, dans le système de justice anglo-saxon, deux vérités se confrontent, celle de la poursuite et celle de la défense. C'est la partie qui saura le mieux convaincre qui gagnera, parce qu'un procès est non seulement un combat entre deux thèses, mais également entre un individu et l'État, entre un procureur de la Couronne et un avocat de la défense.

---

53 *R. c.. Mohan* (1994), p. 23
54 idem, p. 18.

Il va sans dire que dans toute règle, il y a des exceptions. Dans l'application des procédures, il peut y avoir des circonstances où leur application a un effet contraire à celui recherché. C'est ce qui s'est passé, selon nous, dans l'affaire Bérubé.

Le témoin Mambro disculpe l'accusé
Un des témoignages les plus marquants est celui de Mario Mambro. En effet, son témoignage accrédite l'innocence de Michel Bérubé.

Mario Mambro est un témoin indépendant qui ne connait ni Tanya Buschman ni Michel Bérubé, et qui n'a aucun intérêt financier, émotif ou autre, dans cette affaire. Chose surprenante, il a été contacté par des policiers environ une semaine après le décès de Tanya Buschman et au moins à cinq autres reprises sans que lui soit demandé de donner une déclaration signée de sa main, contrairement aux témoins favorables à la thèse policière qui, eux, ont été requis de le faire. L'intérêt manifesté pour le témoin Mambro permet de croire que ce qu'il a déclaré aux policiers avait une certaine importance et suscitait un certain questionnement auprès de certains policiers, dont l'agent Leclair.

Aussi invraisemblable que cela puisse paraitre, le témoin Mambro affirme avoir parlé au téléphone avec Tanya Buschman au cours de la journée de son décès. Ce fait contredit directement la thèse policière à l'effet que la victime avait été assassinée tôt le matin!

Compte tenu de l'importance de ce témoignage, les policiers auraient dû tout mettre en œuvre pour vérifier et approfondir cette information capitale. Voyons ce qu'il en est :

Q. – *Monsieur Mambro, avant d'être venu témoigner à l'enquête préliminaire au mois de janvier 2004, avez-vous parlé à des policiers ?*
R. – *Oui.*
Q. – *À combien de reprises ?*
R. – *Dix fois.*

Q. – *Qui est entré en contact avec les policiers ?*
R. – *Ce sont eux qui ont communiqué avec moi.*
Q. – *Avez-vous parlé au même policier ?*
R. – *Non.*
Q. – *À combien de policiers différents vous avez parlé ?*
R. – *Deux.*
Q. – *Est-ce que les policiers sont allés vous rencontrer pour prendre une déclaration écrite ?*
R. – *Non.*
Q. – *Quand vous avez parlé aux policiers, quel était le sujet de conversation ?*
R. – *Comment j'avais obtenu l'information concernant son prénom, c'est-à-dire le prénom Tanya, son numéro de téléphone et la marque de sa voiture.*
Q. – *A-t-il été question aussi du moment où vous lui aviez parlé ?*
A. – *They asked me, I told them a week prior ...*[55].

Le procureur de la Couronne, Me Pierre Poulin
« *Objection.* »

Le juge Réjean Paul
« *Maintenue.* »

L'avocat de la défense, Me Éric Downs :
« *Sans nous ... bien ...* »

Le juge Réjean Paul
« *Non, non.* »

Me Éric Downs :
« *Il y a une exception pour les déclarations de la défense.* »

---

55 Le traducteur n'a pas eu le temps de traduire la réponse du fait de l'intervention impromptue du procureur de la Couronne, Me Pierre Poulin.

Le juge Réjean Paul
« *Non, non, mais là, vous parlez des policiers.* »

Me Éric Downs
« *Oui, mais là, monsieur s'en allait dire ...* »

Le juge Réjean Paul
« *Non, non, mais on parle de la déclaration ...* »

Me Éric Downs
« *... ce qu'elle avait dit.* »

Le juge Réjean Paul
« *La ... ce que Tanya lui a dit, ça c'est une chose.* »

Me Éric Downs
« *Oui.* »

Le juge Réjean Paul
« *Ce qu'il a dit aux policiers, c'est une autre chose. Il ne peut pas se corroborer avec la déclaration des policiers. C'est bien connu.* »

Éric Downs
« *Il n'y a pas eu de déclaration écrite aux policiers. Les policiers n'en ont pas ...* »

Le juge Réjean Paul :
« *Que ça soit une déclaration écrite ou verbale.* »

Me Éric Downs
« *Q. Sans nous rapporter les paroles de ce qui a été dit aux policiers, je veux identifier les sujets.* »

Le procureur de la Couronne, Me Pierre Poulin
« *Alors, objection, monsieur le juge.* »

Le juge Réjean Paul
« *Bien oui.* »

Me Pierre Poulin
« *C'est la même chose, ça.* »

Le juge Réjean Paul
« *Bien oui. Maintenue.* »

L'avocat de la défense, Me Éric Downs
« *Bien, je pense que c'est ...* »

Le juge Réjean Paul
« *On ne peut faire indirectement ce que la Cour a décidé de ne pas faire directement.* »

Éric Downs :
« *Quelles ont été les questions que les policiers vous ont posées ?* »

Le juge Réjean Paul
« *Non, non, non, non.* »

Me Éric Downs
« *Bien, avec grand respect, monsieur le juge ...* »

Le juge Réjean Paul
« *J'ai dit non, maître Downs. Alors ...* »

Me Éric Downs
« *Si vous permettez ...* »

Le juge Réjean Paul
« *... n'essayez pas par des moyens détournés d'obtenir ... il a donné une déclaration aux policiers et vous savez fort bien que c'est inadmissible.* »

Me Éric Downs
« Il y a un contexte où ça peut être admissible ... »

Le juge Réjean Paul
« Non. »

Me Éric Downs
« ... si on prétend que c'est ... »

Le juge Réjean Paul
« Non, non, non, non, non. »

Me Éric Downs
« ... une requête56 policière qui est biaisée. »

Le juge Réjean Paul
« Non. »

Me Éric Downs
« Je pense que dans ce contexte là ... »

Le juge Réjean Paul
« J'ai dit non. Avez-vous compris ? C'est non. Bon. »

Me Éric Downs
« J'ai compris, mais j'aurais souhaité faire valoir mon point. »

Le juge Réjean Paul
« Vous l'avez très bien fait valoir. N'essayez pas de remplir le dossier. Très bien. Avez-vous d'autre question ? Non ? Merci. Me Poulin ? »

Me Éric Downs
« Non, non, je n'ai pas terminé, monsieur le juge. »

---

56 On peut penser que le mot juste est « enquête ».

Le juge Réjean Paul
« *Ah bon. Très bien.* »

Me Éric Downs
« *J'ai été un peu déstabilisé.* »

Le juge Réjean Paul
« *Bien ...* »

Me Éric Downs
« *Si vous permettez, je vais juste réviser ce que je ...* »

Le juge Réjean Paul
« *Très bien.* »

Avant que cet échange n'ait eu lieu, l'avocat de la défense avait tenté de mettre en évidence la façon dont la police a réagi aux propos de monsieur Mambro. Voici le débat qui s'est tenu hors la présence du jury, au moment où le policier Leclair témoigne.

Me Éric Downs
« *Monsieur Mambro a témoigné à l'enquête préliminaire à l'examen volontaire à la suite de l'envoi d'un subpoena par la défense. C'est un témoin qui pourra être disponible. Maintenant, le point que je veux établir c'est le suivant : c'est que ce témoin-là qui a parlé à monsieur Leclair, moi, je ne suis pas préoccupé pour que les paroles de monsieur Mambro fassent la preuve de leur contenu, je suis préoccupé par la réaction que va avoir l'enquêteur suite à ça et les vérifications qui vont être faites parce que moi, je prétends, puis je ...* »

Le juge Réjean Paul
« *Oui, mais il faut procéder dans l'ordre. On fera entendre monsieur Mambro en temps et lieu, là et alors. Par la suite, vous pourrez faire entendre l'enquêteur si vous décidez de faire une preuve. Mais monsieur Mambro ... c'est carrément du ouï-dire.* »

Me Éric Downs
« Oui, mais ce qui m'intéresse, c'est les paroles, les réactions du ... »

Le juge Réjean Paul
« Que ça vous intéresse ou pas, Maître Downs, le ouï-dire est inadmissible à moins qu'il ne soit nécessaire et utile. Dans ce cas-ci, il n'est pas nécessaire puisque la personne est disponible. »

Me Éric Downs
« Mais ce n'est pas ça qui m'intéresse. »

Le juge Réjean Paul
« Non, non, mais je le sais que ce n'est pas ça qui vous intéresse, mais le ... »

Me Éric Downs
« Par respect, monsieur le juge, je vais juste vous établir mon point. »

Le juge Réjean Paul
« Non, non, non, le ouï-dire, vous connaissez bien le ... »

Me Éric Downs
« Je connais le ouï-dire, mais c'est la réaction du témoin face aux paroles. Moi, je prétends que l'enquête policière est biaisée ici. Je veux l'établir, je veux l'établir avec les policiers qui n'ont pas rencontré le témoin après, qui n'ont pas pris de déclaration, qui ont ignoré cette information-là. »

Le juge Réjean Paul
« Nous allons procéder dans l'ordre, vous pourrez faire ça si monsieur Mambro est d'abord entendu en preuve et là et alors je déciderai si la réaction du policier parce que le général et les états d'âmes et les réactions des gens, ce n'est pas admissible. »

Me Éric Downs
« Je comprends. »

Le juge Réjean Paul
« Et là et alors, une fois que ceci aura été établi dans le cas de monsieur Mambro, je déciderai. Pour l'instant, c'est inadmissible. »

Finalement, l'objection de la Couronne a été retenue et le débat a pris fin.

Comment expliquer cette opposition que rencontre l'avocat de la défense quand on sait que la Cour suprême du Canada a établi qu' *« il est reconnu, en principe, que la recherche de la vérité est facilitée plutôt qu'entravée par la divulgation de tous les renseignements pertinents »*[57].

Le transport de la voiture
Michel Verrall est celui qui a été désigné pour aller chercher l'automobile de Tanya Bushman, le 21 novembre 2002. Il est à noter que Michel Verrall ignore tout du décès de Tanya Buchman et l'apprend au moment de son arrivée sur place. C'est devant le domicile de Bérubé, qu'il signe une déclaration devant les policiers Stéphanie Morin et Marie Ève Tufano, dans laquelle il mentionne que la demande de transport a été reçue le 15 novembre 2002 et qu'il y a eu une confirmation pour la cueillette de l'auto, au cours de l'après-midi du 20 novembre[58].

Trois mois plus tard, soit le 27 février 2003 à 15h20, le sergent-détective Michel Whissell contacte la compagnie SERAIL afin de s'enquérir des faits relatifs au transport de l'automobile de Tanya

---

57 *R. c. Stinchcombe* (1991).
58 « This order was received by dispatch on the 15th November 02 and was given by Tanya and later confirmed to dispatch on the afternoon of November 20th 02 »

Bushman. Il laisse un message à Mario Mambro et confie au sergent détective Pascal Leclair la responsabilité de faire le suivi à propos de ce témoin important.

Tanya Buschman était vivante lors de l'appel

Rappelons que Leclair a parlé avec monsieur Mambro à au moins cinq à sept reprises. Il attend le 12 mars 2003, pour enfin rédiger un rapport de son entretien téléphonique tenu à 17h10, qui a duré moins de dix minutes. M. Mambro déclare qu'il a parlé à une dame, le 20 novembre 2002, dans le cadre de son travail, afin de s'assurer de la présence de Tanya Bushman à son domicile, le 21 novembre, pour que sa compagnie puisse prendre livraison de sa voiture. En voici la transcription :

« *Monsieur Mario Mambro de SERAIL est contacté. Selon ses dires, c'est lui qui a reçu la référence de Prince Moving. Il dit l'avoir reçu le 15 novembre et avoir aussitôt appelé la dame Tanya en confirmant qu'il parlait bien à Tanya. Selon sa mémoire, il aurait rappelé Tanya la veille de la date de Pick-up (le 20 novembre) pour confirmer pour le lendemain. Il dit avoir appelé entre 12h00 et 15h00 car il a l'habitude d'appeler entre ces heures là pour confirmer les commandes du lendemain. Bien qu'il n'ait pas pris aucunes notes de ses conversations avec Tanya, il dit se souvenir de lui avoir parlé directement les deux fois.* »

Ce policier d'expérience n'a pas jugé bon de prendre une déclaration écrite de ce témoignage capital, pas plus que Whissell d'ailleurs.

Il faut noter que la déclaration spontanée de Michel Verrall est tout à fait compatible avec les propos de Mario Mambro consignés par le policier Leclair.

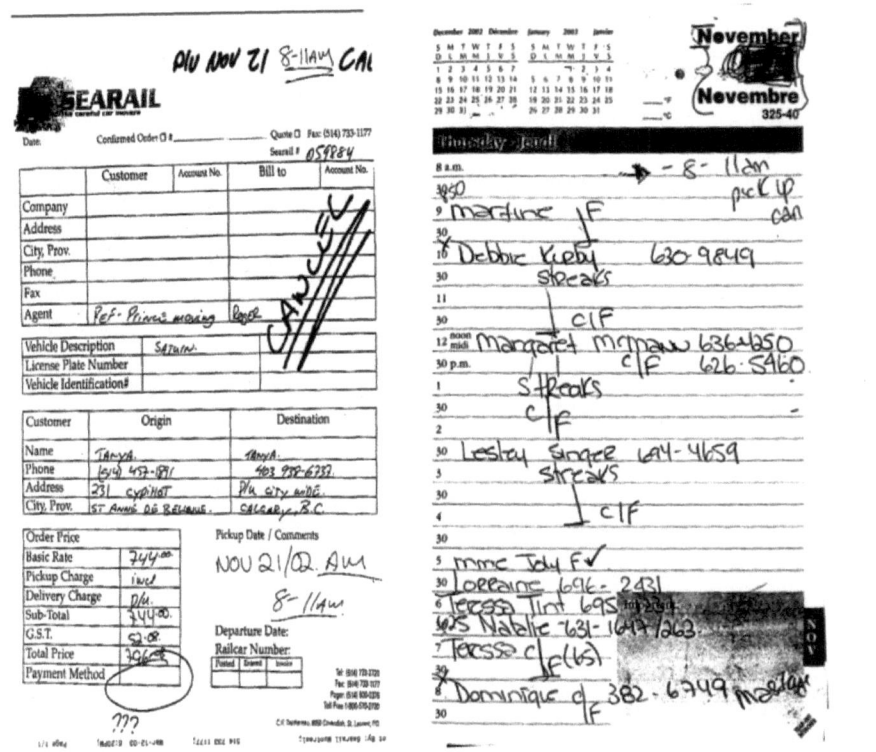

Bon de commande du témoin Mambro   Agenda de Tanya Buschmaun

Lors des directives au jury, le juge Réjean Paul dans son résumé de la preuve n'a pas fait mention des témoignages de Mambro et Verrall, rendant négligeable aux yeux du jury ce fait capital démontrant que Tanya Buschman était vivante après le départ de Michel Bérubé.

Dans son mémoire à la Cour d'appel, la procureur de la Couronne, Me Carole Lebeuf a allégué que les « *deux témoins (Verral et Mambro) ont été entendus dans le cadre de la défense en vue d'établir que le transport du véhicule de Mme Buschman à destination de Calgary n'avait pas été annulé et devait avoir lieu comme prévu, le 21 novembre 2002* », alors que le but était de démontrer que Tanya Buschman était vivante lors de son appel.

Chapitre 13
La Cour d'appel et les erreurs judiciaires

Malgré les témoignages disculpants, dont celui du témoin Mambro, le jury a tenu Michel Bérubé criminellement responsable de la mort de sa conjointe et le juge Réjean Paul l'a condamné à la prison à perpétuité sans possibilité de libération conditionnelle avant 25 ans.

Michel Bérubé a porté ce jugement en appel.

Notons immédiatement que le rôle de la Cour d'appel n'est pas de refaire un procès, mais d'en évaluer la rigueur et le respect des droits de l'accusé en regard de la procédure. Ainsi, la Cour d'appel a considéré le témoignage de Mambro, tout comme l'ensemble de la preuve, à la lumière de ce que l'avocat de la défense et le procureur de la Couronne lui ont soumis, comme faits et comme arguments.

Examinons ce que dit la Cour d'appel dans son jugement à propos du témoignage de Mambro.

Tout d'abord, la Cour d'appel reconnait que « *le juge a omis de résumer le témoignage de messieurs Verral et Mambo, entendus en défense* » mais ajoute que « *le résumé des faits préparé par l'avocat de l'accusé à la demande du juge n'en faisait pas mention* ». Cette remarque soulève un autre élément relatif à l'erreur judiciaire : la façon dont l'avocat de la défense mène le dossier. Comme « *L'avocat n'a pas non plus attiré l'attention du juge sur ce manquement par la suite* », la Cour d'appel en tire la conclusion « *au peu d'importance des témoignages* » de Verrall et Mambro.

Quant au témoignage de Mambro au cours du procès en 2005, la Cour d'appel estime que « *Tout en n'ayant aucun souvenir précis, monsieur Mambro a témoigné avoir «déduit» d'une preuve documentaire qu'il a parlé avec la défunte entre 11:45 et 2:00 le 20 novembre* ». Il est vrai que Mambro, le 23 février 2005, répond

« *non* » à la question : « *Avez-vous un souvenir du 20 novembre, d'avoir parlé à une personne féminine?* », mais il faut remettre le tout dans son contexte : les policiers ont parlé avec Mambro à au moins six ou sept reprises entre le 28 novembre 2002 et le 12 mars 2003, pour enfin rédiger un rapport dans lequel le policier Leclair écrit : « *il dit se souvenir de lui avoir parlé directement les deux fois* ». Pour quelle raison les policiers ont-ils appelé Mambro si souvent, s'il n'avait pas en mémoire de ce qui s'est passé le 20 novembre. Il faut noter que la Cour d'appel pas été mis au courant du contenu du rapport Leclair.

En ce qui concerne la « *différence d'opinion* » entre les docteurs Houde et Pothel, la Cour d'appel en vient à la conclusion qu'« *il est acquis que le décès résulte d'une strangulation survenue lors d'une pendaison avec un lien et non une strangulation manuelle* ». Elle poursuit en notant que « *Leurs conclusions sont donc convergentes mais le langage est légèrement différent* ». C'est justement là que se situe le problème. Nous avons affaire à des scientifiques qui doivent être très rigoureux dans leur usage des mots et il faut que ceux-ci correspondent à leur usage strictement scientifique.

À propos du témoignage du docteur Kilmartin, la Cour d'appel reconnaît d'emblée qu'il « *n'est pas pathologiste* » et que le juge n'avait pas à intervenir lorsqu'il était contre-interrogé à propos des contradictions dans ses témoignages quant à l'heure de la mort. Mais comme Kilmartin a fini par admettre qu'il n'a pas la compétence pour se prononcer sur cette question, la Cour d'appel conclut qu'« *il fallait comprendre, à la fin du contre-interrogatoire, que la mort pouvait remonter de 4 à 24 heures, ce qui faisait disparaître tout préjudice qui aurait pu avoir été causé à* » Bérubé.

La dynamique suicidaire
On ne peut pas s'attendre à ce que les juges d'une Cour d'appel aient plus d'information que celle qu'on leur présente. Les juges ont pris pour acquis que Tanya Buschman ne présentait aucun

signe ou symptôme laissant supposer qu'elle pourrait avoir des idées suicidaires. Pourtant, toutes les interventions d'organismes spécialisés en matière de suicide ne cessent de dire que des signes avant-coureurs ne sont pas toujours perceptibles ou évidents sans une analyse.

Une analyse psychologique
Référer aux témoignages de ses amies qui disent qu'elle avait tout pour être heureuse au moment des évènements laisse songeur. En effet, Tanya Buschman faisait face à un dilemme puisqu'elle était croyante et pratiquante et que pour elle, il était important qu'un mariage soit harmonieux, et finalement que le divorce n'est pas souhaitable. D'autant plus qu'elle avait déjà divorcé avant de se remarier avec Michel Bérubé.

Mais, d'autre part, en moins de trois semaines, elle se dit prête à avoir un enfant avec Roberto Manago. On peut comprendre qu'il s'agit d'un coup de foudre, mais cette situation ne peut-elle être également très significative quant à la fragilité émotive d'une femme qui veut et ne veut pas, suivre son mari à Calgary. Dans le présent cas, une analyse psychologique de l'état de Tanya Buschman s'impose.

Que penser de la connaissance qu'avaient ses amies de son état, si aucune d'entre elles n'était au courant qu'elle avait subi deux chirurgies esthétiques au niveau des seins et une autre à la vulve.

L'état d'esprit[59] de Tanya Buschman

Guy Bessette, sergent détective :
Q. – *Est-ce que je comprends que les documents, quand on parle de certificat de mariage, qui aurait été trouvé dans ces documents-là ...*

---

59 La procureure de la Couronne, Me Carole Lebeuf, fait référence à « *l'état d'esprit de Mme Buschman* » pour soutenir son argumentation devant la Cour d'appel. C'est pourquoi il nous apparaît essentiel d'approfondir cet aspect.

R. – *Oui, si je me souviens bien c'était sur la table de chevet et ça a attiré mon attention en particulier. Un certificat de mariage juste sur une table de chevet, pourquoi ?*

Il y avait aussi une photo de leur mariage.

Leona Barbeau, une sœur de Tanya Buschman :
Q. – *Êtes-vous au courant des interventions de chirurgie plastique que Tanya a subies ?*
R. – *Je ne l'ai pas su avant son décès.*

Andréa Cadotte, une collègue de travail et amie :
« À mes yeux, c'était ma meilleure amie »…
R. – *… c'est sûr que Tanya, ça a toujours été quelqu'un qui était discrète dans sa vie privée …*
Q. – *Donc, je comprends qu'elle ne racontait pas ses affaires privées à n'importe qui ?*
R. – *Non, pour elle, sa vie était belle puis elle ne voulait pas que le monde soit au courant des détails de sa vie personnelle.*
Q. – *Quand est-ce qu'elle vous avait dit ça, qu'elle avait parlé du projet d'aller à Calgary puis de coiffure puis qu'elle avait l'air enthousiaste ? C'était combien de temps avant ?*
R. – *Environ au mois d'août, septembre, qu'elle a commencé à initier ce projet-là. Au début, c'était pas sûr puis finalement, après ça, ça s'est rassuré comme quoi ça se faisait, mais elle était tout le temps indécise …*
R. – *… d'une période à l'autre quand je lui parlais au téléphone c'était oui, c'était non.*

Quelques jours avant son décès :
Q. – *Puis c'est quoi son attitude quand vous parlez. Comment elle est, Tanya, sa façon de s'exprimer ?*
R. – *Elle est comme d'habitude.*
Q. – *C'est-à-dire ?*
R. – *Au niveau d'état quand elle parle ou quoi que ce soit mais tu*

vois que dans ses yeux elle avait l'air fatiguée, comme quelqu'un qui n'a pas dormi beaucoup. Elle avait l'air épuisée, pas quelqu'un qui, Tanya, elle avait toujours du pétillant dans les yeux. Elle allumait une salle, presque, quand elle rentrait, tu sais. C'était tout le temps quelqu'un de pimpante puis de l'énergie puis tout ça. Elle s'entraînait, elle faisait des, cette journée-là, elle était plus mollo, elle avait l'air fatiguée, quelqu'un, on dirait, qui est vraiment en décision, quelqu'un qui pense, qui a des grosses décisions à prendre ...

Nadine Grégoire, une amie
Elles se voyaient tous les jours.
« On était meilleures amies, associées. »
Le 19 novembre 2002, vers 19h30, la veille de son décès, Tanya Bushman se rend chez son amie Nadine Grégoire.
Q. – *Avez-vous remarquez quelque chose d'anormal sur son corps ?*
R. – *C'était rare que je vois Tanya sans maquillage et ce soir-là, quand elle est venue, elle n'avait pas de maquillage...*
Q. – *Qu'est-ce que vous voulez dire ? Qu'est-ce qui était difficile ?*
R. – *De prendre la décision de déménager là-bas parce qu'elle quittait toute sa clientèle, ses amis aussi...*
Q. – *Et, quand a-t-elle exprimé ses réserves. Vous dites qu'elle avait ses amis et tout à Montréal. Quand a-t-elle commencé à exprimer ses réserves sur le déménagement ?*
R. – *Au moins six mois avant son décès parce qu'elle avait des difficultés dans sa vie de couple, avec son mari...*
Q. – *Donc, elle n'entrait pas dans les détails quant aux problèmes intimes, si je comprends bien, avec vous ?*
R. – *Elle rentrait dans certains détails, mais essentiellement ce n'était pas quelque chose qui aurait été à la connaissance de tout le monde ...*

Q. – *Quelle était sa décision par rapport à sa relation avec Michel Bérubé ?*
R. – *La décision était fondée sur le fait qu'il allait déménager à*

Calgary et qu'elle allait demeurer à Montréal. Elle a dit qu'elle allait retourner au gymnase, faire des exercices, se remettre en santé, et qu'elle allait rappeler ses clients au mois de janvier pour reprendre le travail au mois de janvier...
Q. – *C'est exact de dire que ni ce soir-là, ni à d'autres moment, elle ne vous a parlé de monsieur Roberto Manago ?*
R. – *Jamais le nom.*
Q. – *C'est exact de dire que ni ce soir-là, ni à d'autres moment, elle ne vous a parlé qu'elle avait subi des opérations de chirurgie plastique ?*
R. – *Elle ne l'a jamais mentionné...*
Q. – *Mais, elle-même, Tanya Buschman, est-ce qu'elle vous a dit que c'était la fin de la relation ?*
R. – *Quand je lui ai posé la question à savoir si c'était une décision finale et en vue du fait que ça faisait six mois qu'elle était aux prises avec cette décision, c'est pour ça que je le lui ai demandé si elle voulait que je l'embrasse, parce que je savais combien d'énergie elle avait mis, et qu'elle avait épuisée en se baladant d'un côté puis de l'autre. Ça la préoccupait parce que ça aurait été un deuxième divorce : Qu'est-ce que diront mes clients, qu'est-ce que diront mes amis. Et, cette soirée-là c'était une décision nette, c'était une décision claire. Sa décision était prise.*
Q. – *Elle vous a dit qu'elle était préoccupée de ce que les gens étaient pour penser de la fin de son union avec Michel Bérubé. C'est exact ?*
R. – *Oui. Qu'est-ce que les gens penseront d'elle.*

Francine Dussault, une cliente
Q. *... dans les conversations que vous aviez eues avec elle, vous aviez entendu que des fois elle voulait y aller, puis des fois elle ne voulait pas y aller. C'est exact ?*
R. – *C'est exact.*

Carole Heeg, une cliente

Q. – *Vous avez également dit dans la déclaration que vous avez faite à la police le 7 août 2003...*
R. – (lecture de la déclaration) « *Son image corporelle l'obsédait. C'était très important pendant toutes les années que je l'ai connue...* ».
Q. – *Vous vous basez sur quoi pour dire ça ? Est-ce que c'est des impressions ou c'est des paroles qui ont pu fonder votre opinion sur cette question-là ?*
R. – *C'était basé sur le fait que chaque fois que je la voyais, elle me parlait toujours d'être allée au gymnase, si elle avait l'impression d'avoir engraissé.*

Deborah Sakaitis, une cliente et amie

R. – *... Elle pensait tout le temps aux autres...*

R^{60}. – *...* « *Je pense à lui, je pense à ma vie avec lui* » *...* « *Puis Roberto, il veut avoir des enfants puis moi aussi. On va avoir notre maison, on va avoir des enfants, on va avoir le chien, on a tout. La vie va être tellement belle, tellement complète, tout ce que je voulais, je vais l'avoir* ».
Q. – *Donc, elle était, Tanya était fatiguée pendant la préparation du déménagement, mais est-ce que* (interrompu).
R. – *Un peu.*
Q. – *Un peu ? Est-ce que. Comment ça affectait son moral ça ?*
R. – *Rien affectait son moral. Elle était tellement positive...*
Q. – *Quand elle vous parlait de Calgary, aussi ce qui l'encourageait, c'est qu'elle disait qu'avec Michel, ça serait comme un nouveau départ.*
R. – *Exactement...*
Q. – *Elle voulait que ça fonctionne.*

---

60 Suite à une question, Deborah Sakaitis rapporte les propos tenus par Tanya Buschman, le 16 novembre 2002, soit exactement deux semaines après sa première rencontre avec Roberto Manago.

R. – *Oui, elle voulait que ça. Elle voulait pas se divorcer...*
R. – *... Elle voulait pas le divorcer, mais elle voulait pas être malheureuse non plus. Comme ça elle était coincée entre deux choses. Elle voulait travailler sur le mariage. Elle voulait rester avec lui mais pas à tout prix, not at all cost...*
Q. – *Si l'on revient à la journée du lundi (deux jours avant le décès de Tanya Buschman) où elle est allée, selon vous, chez l'ostéopathe. C'est exact de dire qu'elle vous avait dit qu'elle était très stressée, c'est exact ?*
R. – *Oui, elle était très stressée, oui.*
Q. – *Et c'est cette même journée-là qu'elle vous a dit qu'elle était drainée, qu'elle était « exhausted », fatiguée, très fatiguée, c'est exact ?*
R. – *Oui.*
Q. – *Maintenant, toujours ce lundi, où elle vous rapporte, là, la discussion qu'elle aurait eue avec Michel dans la nuit du dimanche au lundi. C'est exact de dire qu'elle vous a dit qu'elle ressentait beaucoup de culpabilité pour causer tant de peine à Michel ?*
R. – *Oui...*
Q. – *C'est exact de dire que jamais Tanya Buschman vous a informé qu'elle avait eu des chirurgies plastiques ?*
R. – *On parlait de ça. On en parlait comme quoi qu'elle voulait, qu'elle pensait à ça, mais elle a jamais dit qu'elle en avait.*

Q. – *Elle ne vous avait jamais dit qu'elle en avait subi, c'est exact ?*
R. – *C'est ça...*
Q. – Êtes-vous d'accord pour dire que Tanya était beaucoup préoccupée par son image physique qu'elle pourrait projeter ?
R. – *Oui, elle prenait soin d'elle...*
Q. – *Est-ce exact de dire que quand vous étiez avec votre ami dans l'automobile pour vous en aller à l'hôpital, vous avez dit : elle a peut-être fait une attaque de panique ?*
R. – *Peut-être je ne me souviens pas exactement...*
Q. – *...vous aviez répondu à une question posée à ce moment-là par l'enquêteur parce que vous êtes interrogée sur vidéo (le 21*

novembre 2002) et que vous avez dit qu'elle avait pu faire une attaque de panique ?
R. – *C'est vrai.*

Roberto Manago, le prétendant de Tanya Buschman
R. – *... puis elle m'a parlé beaucoup que, à tous les dimanches, elle allait à l'église puis elle était très spirituelle, elle.*
Q. – *Qu'est-ce qu'elle vous a dit à l'égard de Calgary.*
R. – *Calgary, c'était qu'elle était pour partir à Calgary parce que son mari voulait ouvrir un restaurant, je crois, avec un de ses amis puis ils venaient de vendre la maison. Alors, ils avaient fait un profit considérable pour pouvoir ouvrir un resto, mais elle n'était pas trop, je la sentais pas trop alléchante au sujet d'ouvrir son resto puis là, je sentais qu'elle commençait aussi à être mélangée dans le fait qu'elle a, je la sentais comme qu'elle était après tombée un peu amoureuse...*
Elle a dit tu sais, elle dit mon mari finalement, je l'aime bien, je l'aime mon mari, mais elle dit : il faut que je te dise que, entre nous deux, ça ne fonctionne plus. Elle dit quand on est à l'extérieur, elle dit on a l'air du couple idéal, puis elle dit quand on rentre à la maison, elle dit on dirait que j'existe plus.

Compte tenu de l'ensemble de ces témoignages, n'est-il pas raisonnable de penser que Tanya Bushman était très déstabilisée et que l'hypothèse du suicide n'est pas à rejeter d'emblée ?

Nous avons vu plus haut que les témoignages du docteur Kilmartin sont ceux d'une personne qui n'a pas la compétence pour se prononcer sur plusieurs questions. Comment la Cour d'appel peut-elle lui accorder quelque crédibilité que ce soit ?

Mais ce qui est le plus marquant quant à nous, est la facilité avec laquelle la Cour d'appel a rejeté le témoignage de Mario Mambro et du couple Gauvin. En effet, la Cour n'a pas pris en considération les seules personnes dont on n'a pas pris de déclaration et ce sont celles qui rendent un témoignage disculpatoire pour Bérubé.

En fait, la procédure d'appel est telle que finalement une Cour d'appel n'a pas les moyens de corriger les erreurs judiciaires. Elle pourra éventuellement accepter certaines analyses si elles sont suffisamment irréfutables pour conclure à une erreur de droit et se prononcer et éventuellement renverser la décision. Ou conclure à une erreur de faits suffisamment importante pour pouvoir ordonner un nouveau procès.

Et la Cour suprême du Canada

Rappelons que la Cour Suprême du Canada a établi en 2003, dans le dossier Duguay/Taillefer, que la Cour d'appel du Québec avait « *procédé à une analyse éclatée ou particularisée plutôt que globale* ».

La Cour suprême du Canada n'a pas les ressources pour entendre toutes les causes qui lui sont soumises. Pour pallier à cette situation, entres autres, elle rejette une grande majorité des demandes qui lui sont soumises sans motiver ses décisions[61]. Pourtant dans une société démocratique, on devrait s'attendre à ce que les instances qui prennent des décisions cruciales sur la liberté des citoyens justifient celles-ci. Ainsi, le plus haut tribunal du pays, avec les Cours d'appel, sont des instances judiciaires qui n'ont pas d'obligation à cet effet. Un des buts visés par l'audition d'une cause à la Cour suprême est de faire progresser le droit.

Il y a également un autre principe qu'applique la Cour suprême lorsqu'elle rend une décision sans nécessairement la justifier : le

---

61 Dans une allocution prononcée à Montréal, 18 juin 2009, lors des Journées Maximilien-Caron ayant pour thème, « Révolutionner la Justice : constats, mutations et perspectives d'avenir », le juge Louis LeBel, de la Cour suprême, a précisé que celle-ci n'entend que 12 % des causes qui lui sont soumises.

principe de l'autorité de la chose jugée. Ce principe ne s'impose « *qu'en raison de son utilité sociale, et il tient moins aux chances de vérité, si grandes qu'elles puissent être, qu'à la nécessité de terminer par un arbitrage un conflit contraire à l'ordre public* »[62].

En effet, selon la Cour suprême en 1987 : « *Il est de la plus haute importance qu'une instance criminelle ait un caractère définitif, (...) l'application normale du principe de l'autorité de la chose jugée répond adéquatement à ce besoin. Une affaire jugée définitivement ne peut être soumise de nouveau aux tribunaux. (...) Dans le Renvoi relatif aux droits linguistiques au Manitoba de 1985, la Cour fait observer que le principe de l'autorité de la chose jugée empêcherait même de rouvrir les dossiers sur lesquels les tribunaux ont statué en fonction de lois inconstitutionnelles. Le principe de l'autorité de la chose jugée s'appliquerait au moins tout autant aux affaires jugées en fonction d'une jurisprudence subséquemment rejetée* ».

Cette position de la Cour suprême est reprise dans *R. c. Sarson* (1996) et réitérée dans ces termes : « *En effet, la déclaration de culpabilité prononcée contre lui est une question réglée en droit, à laquelle s'applique le principe de l'autorité de la chose jugée. L'appelant ne peut contester sur le fond cette déclaration de culpabilité, que ce soit directement ou indirectement* ».

Même si ce principe peut être cause d'injustice, c'est-à-dire d'erreurs judiciaires, il faut, au nom de la finalité et de la continuité de l'administration de la justice, en accepter le risque. C'est ce que nous répète la Cour suprême en 1998 : « *La doctrine de la nécessité est injuste de la même manière que le principe de l'autorité de la chose jugée cause de l'injustice; les deux maintiennent les effets de règles de droit inconstitutionnelles. Bien que la Charte ait beaucoup*

---

62 Achalme, Victor (1912). *Des indemnités à allouer aux victimes d'erreurs judiciaires*. Lyon, Université de Lyon, Faculté de droit, Thèse pour le doctorat, Trévoux, 1912, 237p.

contribué à renforcer l'équité dans l'administration du droit criminel, elle ne peut garantir l'équité totale en toutes matières et à n'importe quel prix. Tout comme le principe de l'autorité de la chose jugée, la doctrine de la nécessité tient compte de l'importance des notions de finalité et de continuité dans l'administration de la justice et autorise un degré limité d'iniquité envers les accusés. Compte tenu de cet effet préjudiciable, elle ne devrait être appliquée que rarement et avec énormément de circonspection ».

Que le principe de l'autorité de la chose jugée s'applique strictement à l'État est tout à fait raisonnable. Mais qu'il s'applique à un condamné qui se dit innocent, l'est beaucoup moins.

Dans une société démocratique, ne peut-on pas croire qu'« *il y a quelque chose de supérieur au principe de la chose jugée, c'est la justice elle-même* » (Achalme, 1912).

Le Groupe de la révision des condamnations criminelles
La procédure peut être un obstacle à l'émergence de la vérité, mais il faut admettre que ce n'est pas toujours le cas. Dans l'affaire Bérubé, nous pensons que la procédure a été un obstacle aussi important que la somme des défaillances de l'enquête policière. Me Lebeuf, a reconnu que l'avocat de la défense a tenté d'« établir que l'enquête policière était *biaisée en faveur de l'homicide au détriment de la thèse du suicide* ». Mais elle a fait valoir que la procédure avait permis au procureur de la Couronne de s'objecter à ce que des questions en rapport à cet objectif soient posées.

Le groupe de la révision des condamnations criminelles
Dans le cadre de la procédure générale, il est possible pour un condamné de s'adresser au Groupe de la révision des condamnations criminelles du ministère de la Justice du Canada pour demander une révision de sa condamnation. C'est ce qu'a fait Michel Bérubé.

Dans sa réponse du 26 juillet 2010, Me Larocque[63] note qu'« *il est important de souligner qu'une révision d'une condamnation*

---
63 Me Larocque n'a pas pris la peine de préciser son prénom dans sa correspondance.

criminelle ne se limite pas à l'examen de l'information et des éléments de preuve soumis au procès du demandeur ou à l'audience de l'appel. Toute information jugée pertinente peut faire l'objet d'un examen... En résumé, une révision d'une condamnation ne se limite pas à l'examen exhaustif de la transcription et n'est pas circonscrite par des règles relatives à l'admissibilité d'éléments de preuve à un procès ».

Pour effectuer son analyse, le Groupe donne une liste des documents consultés. Il en ressort tout d'abord que le *Mémoire de l'Intimé* déposé par Me Leboeuf, procureur de la Couronne, devant la Cour d'appel, n'est pas mentionné. Ensuite, en principe, le Groupe a reçu un texte préliminaire du présent livre[64], ce qui n'est pas clairement mentionné. Mais tout nous porte à croire qu'il n'a pas été pris en considération pour une raison ou pour une autre. En effet, le Groupe affirme que « *les éléments que vous soumettez ont tous été jugés par les tribunaux durant votre procès* ». Il ressort de cette phrase et de l'ensemble de la réponse envoyée que rien n'a été remis en question par le Groupe. Il ne fait que résumer la preuve présentée au cours du procès et noter que Michel Bérubé a été condamné. Pour ce qui est de la décision de la Cour d'appel, le Groupe en fait une synthèse et soulève des éléments de la stratégie de l'avocat de Michel Bérubé et en impute les conséquences, c'est à dire la condamnation de Bérubé, à celui-ci.

En conclusion, le Groupe affirme qu'« *après lecture et analyse (des) documents, il apparaît que ceux-ci ne révèlent pas de nouveaux éléments importants et ne permettent pas de conclure à l'existence d'un fondement raisonnable pour obtenir la révision de votre condamnation criminelle* ».

---

64 Dans un courriel daté du 20 octobre 2009, Kerry Scullion, directeur du Groupe, confirme la réception de ce texte.

Chapitre 14
Les médias, l'opinion publique et les faits

L'impact des médias sur l'opinion publique n'est plus à démontrer, particulièrement en ce qui concerne le phénomène du crime. En ce qui a trait à l'affaire Bérubé, il est intéressant d'examiner quelques articles publiés dans certains médias et qui illustrent l'intervention de la police. En effet, il faut savoir qu'une enquête policière est strictement confidentielle tant et aussi longtemps que son contenu ne sera pas remis au Directeur des poursuite criminelles et pénales, et l'essentiel le demeure à l'exception des documents divulgués lors de la remise de la preuve à la défense ou qu'un policier soit interrogé à propos de celle-ci.

Le 12 février 2003, David Santerre publie un article dans le *Journal de Montréal* dans lequel il fait référence à l'autopsie en ces termes : « *Tanya Bushman est morte violemment et non par pendaison* ». En ce qui concerne Michel Bérubé, il écrit : « *il a toujours refusé de répondre aux questions de la police* ». Il est à noter qu'à cette date Michel Bérubé n'est pas un accusé et que s'il l'avait été, il avait le droit d'exercer son droit au silence tel qu'il est reconnu constitutionnellement à tous et chacun.

Dans son édition du 27 février 2003, *The Suburban* rapporte que « *le rapport d'autopsie du 11 février révèle que Tanya Bushman a subi un coup mortel à la tête d'un instrument contondant* »[65]. Plus loin, le journaliste P. A. Sevigny cite monsieur André Bouchard, à l'époque chef de l'escouade des homicides, à propos d'une information qui relève strictement de la vie privée et qui s'est révélé en partie fausse.

Le 30 mai 2003, le journaliste Sidhartha Banerjee de *The Gazette* rapporte également les propos d'André Bouchard : « *elle a*

---

65 " The Feb. 11 autopsy report shows that Bushman suffered a fatal blunt instrument trauma to the head".

probablement été battue à mort ». Le même jour, Michel Auger du *Journal de Montréal* écrit : « *l'autopsie (a) démontré que Tanya Bushman, 35 ans, avait succombé à des coups qui n'avaient rien à voir avec la strangulation par pendaison* ». Comme son collègue David Santerre, il rappelle que Michel Bérubé a refusé de répondre aux questions de la police.

Rappelons que la docteure Houde, dans son *Protocole d'autopsie* établi en novembre 2002, attribue la mort à une *Asphyxie par strangulation au lien*, en d'autres mots « *c'est une asphyxie par étranglement à l'aide d'un lien* » comme elle l'a précisé lors de l'enquête préliminaire, en 2004; tandis que dans le *Rapport d'autopsie* complété le 24 septembre 2003, la cause de la mort relève d'une *Asphyxie par compression du cou*, c'est à dire « *la compression du cou avec les mains. Ça peut être avec une main, ça peut être avec deux mains* », selon son témoignage au procès, en 2005. Étrangement, sa version de 2003 va dans le même sens que les propos du policeir Bouchard. Étonnant !

Des éléments confidentiels divulgués
Ces quatre articles soulèvent une question cruciale : comment se fait-il que des éléments d'informations confidentiels, appartenant strictement à l'enquête policière, peuvent-ils être rendus publics ?

Non seulement ces informations sont confidentielles, mais elles sont totalement fausses en ce qui concerne la cause de la mort et ce en total mépris du droit et de la jurisprudence en ce qui concerne le droit au silence.

Conclusion

Une authentique erreur judiciaire

L'enquête policière a été dès le départ orientée sur une piste qui n'a jamais été remise en question et ce en dépit des témoignages disculpants de Mario Mambro, d'Yvan et de Lucille Gauvin. L'opinion préconçue a fait en sorte que les policiers Whissell et Bessette ont négligé de saisir les répondeurs téléphoniques qui auraient notamment permis de vérifier les déclarations de Mario Mambro.

D'autre part, la détention illégale de Michel Bérubé n'a jamais été soulevée au cours des procédures judiciaires. L'avoir invoquée aurait peut-être permis au jury de prendre connaissance de certaines faiblesses de l'enquête policière et de faire le lien avec le fait que seuls les témoins de la Couronne ont été requis de donner une déclaration aux policiers.

Comme nous l'avons décrit, les experts[66] ont aussi joué un rôle déterminant dans cette affaire. Tout d'abord les experts policiers qui sont de toute évidence privés de toute initiative personnelle étant tributaires de ce que les sergents-détectives veulent bien leur demander. Comment peut-on qualifier d'expert une personne qui doit se soumettre aux considérations d'un supérieur qui, lui, n'est pas considéré comme expert ? De plus, une policière qui ne connait pas le sens du mot contondant et sa définition peut-elle être considérée comme ayant les connaissances de base nécessaires pour être qualifiée d'expert ?

---

66 « *Le témoin expert est celui qui possède une compétence spécialisée dans un secteur donné d'activité et qui a pour rôle d'éclairer le Tribunal et de l'aider dans l'appréciation d'une preuve portant sur des questions scientifiques ou techniques* » (Jean-Claude ROYER, La preuve civile, 4e éd., Cowansville, Éditions Yvon Blais, 2008, p. 325-326.).

L'expert François Julien, qui ne peut remplir un rapport complet de ses propres analyses génétiques, a-t-il la rigueur scientifique indispensable pour être qualifié d'expert ? De plus, leurs liens étroits avec les policiers leurs permettent-ils d'avoir l'indépendance nécessaire pour être qualifié d'expert ? L'étude de Robert Poirier montre que certains d'entre eux n'ont pas l'indépendance et la rigueur souhaitées.

Quant à l'expert, l'urgentologie Kilmartin, bien qu'il ait été reconnu comme expert urgentologue, aucune question ne lui a été posée en rapport avec cette compétence! En fait, le Dr Kilmartin est un simple témoin qui, à titre de médecin, a fait le constat du décès de Tanya Bushman. Ses contacts avec Michel Bérubé, le coroner Clément et les policiers n'ont rien à voir avec son domaine d'expertise.

En ce qui concerne la pathologiste Michelle Houde, avait-elle les compétences nécessaires pour effectuer l'autopsie de Tanya Bushman ? Deux ans de formation officieuse et deux ans de pratique, sont-ils suffisants pour acquérir l'expérience nécessaire pour effectuer une autopsie aussi délicate et complexe que celle que requérait le cas de Tanya Bushman ? Si l'on se fie à la qualité de son protocole d'autopsie et à ses connaissances relatives aux définitions de strangulation et de pendaison nous devons répondre non.

En ce qui a trait aux procureurs de la Couronne, leur mandat d'officier de justice leur imposant de contribuer à faire en sorte que toutes les preuves pertinentes soient mises à contribution pour que la vérité soit établie, a-t-il été respecté?

La Cour d'appel a reconnu qu'« *Il est vrai que la remarque du substitut (Me Pierre Poulin) était inappropriée, puisqu'il portait alors un jugement personnel sur la crédibilité de l'expert (Pothel) en émettant une hypothèse non fondée sur la preuve* ». Me Poulin a été encore plus loin en demandant « *au jury d'examiner une photographie représentant le nœud attaché au barreau de la rampe d'escalier que l'appelant prétendait avoir en vain tenté de dénouer. La photographie permet de voir que le nœud est lâche (puisque le corps n'y est plus pendu) et le substitut (Me Poulin) a déclaré au jury que cet élément de preuve démontrait que l'accusé a* **menti** *en affirmant avoir tenté sans succès de le dénouer »*⁶⁷.

Pour la Cour d'appel, Me Poulin « *a dépassé ce qui est autorisé par la jurisprudence en affirmant, en se basant sur la photographie, que «là, vous avez la preuve sous vos yeux que l'accusé a menti»* ». De quel droit un procureur de la couronne peut-il sans conséquence référer à un élément de preuve en tirer une interprétation qu'il sait fausse? Avec l'autorisation de la Cour d'appel qui estime qu'« *Il faut cependant, là encore, remettre ces propos en perspective* ». La perspective est le fait que l'avocat de la défense « *n'a pas soulevé la question (de la crédibilité du Dr Pothel) en première instance* » et que « *L'avocat de l'appelant (Bérubé) avait lui-même déclaré, lors de sa plaidoirie, que l'accusé avait été «candide et honnête». De plus, la remarque du substitut renvoie à un élément de preuve précis et ne constitue pas une affirmation générale portant sur la crédibilité de l'accusé* ».

Non seulement, justice doit être rendue, mais il doit y avoir apparence de justice. Alors, qu'en est-il du témoin Mario Mambro? Ce témoin-clé a été traité d'une manière discriminatoire par les policiers qui se sont refusés à prendre une déclaration écrite de ses propos et à enquêter plus à fond sur ce témoignage disculpant Michel Bérubé.

Une lecture attentive de la déclaration et des deux témoignages d'Anita Mann, qui mentionne avoir vu « *des traces de pneus* ***sous les deux portes*** »⁶⁸ du garage, permet de s'interroger sur non seulement le travail policier, mais également sur la façon dont la défense a pris en compte cette information cruciale. En effet, cette observation

---

67 Souligné de l'auteur.
68 Nous soulignons.

ajoutée aux informations de Mario Mambro, à un examen minutieux des agendas de Tanya Buschman et à l'analyse de l'état d'esprit de Tanya Buschman, me permettent de confirmer l'innocence de Michel Bérubé.

Au moment de compléter la rédaction de cet ouvrage, Michel Bérubé est emprisonné depuis 13 longues années. J'ai longuement discuté avec lui, je l'ai écouté attentivement et il m'a livré certaines informations qui ont achevé de me convaincre : il est victime d'une erreur judiciaire.

Annexe 1
Verbatim des témoignages du docteur Patrik Kilmartin

Heure de la mort (estimation)

Enquête préliminaire, **13 janvier 2004**, p. 5
Question de l'avocat : Okay, could you describe what is rigor mortis ?
K.: Rigor mortis is the stiffening of the muscles of the body after a certain period of time after death has taken place.
Q.: Usually, it appears after how many hours after the death ?
K.: The level which she had at that time was probably **10 to 12 hours**.
Q.: Okay, she was dead for 10 to 12 hours ?
K.: Yes, in my estimation.

Voir-dire, **24 janvier 2005**, MA p. 1182
K. : ... on a découvert que les rigidités étaient en train de se fixer.
Q. : Et à votre avis, compte tenu de ces rigidités le décès remontrait à quand ?
K. : C'est difficile à dire, ça aurait pu être **quatre, cinq, six heures, dix heures**, c'est difficile à diagnostiquer.

Procès devant jury, **21 février 2005**, MA p. 2665
Q. : Elle vous semblait morte depuis combien de temps ?
K. : Je dirais environ de **14 à 24 heures**.
Q. : Sur quoi basez-vous cette opinion ?
K. : Je base cette opinion sur la rigidité de son corps que j'ai constaté.

Le nombre de nœuds
Enquête préliminaire, **13 janvier 2004**, p. 15.
Kilmartin lit ce qui est écrit dans son rapport : ... *Patient with plastic cord wire rope around her neck, knotted by three times.*
Q. : Okay, three times. It seems that it was changed. If we look the original, you have written two times before, is that correct ?
K. : Four I think I wrote.

Q. : Four ?
K. : Then, I counted the knots afterwards.
Q. : Okay, and so you have changed it after ?
K. : I made it three times, yes.
Q. : On your note ?
K. : Note, at the time I did it.

Procès devant jury, **21 février 2005**, MA p. 2704 à 2706

Q. : Alors, juste avant il y a un numéro. Pouvez-vous nous dire c'est lequel ?
K. : Alors, corde autour du cou et qui comprend trois nœuds, où il y a trois nœuds.
Q. : On voit que le chiffre 3 a été modifié, c'est exact ?
K. : Je ne peux pas dire que ça été modifié. J'ai juste repassé dessus pour mettre l'emphase là-dessus, l'accent là-dessus.
Q. : Je vous suggère que, en dessous de ce chiffre-là, il y avait un 4 dans le passé ?
K. : Non, je ne dirais pas ça, non.
Q. : Avez-vous déjà dit aux policiers que c'était trois ou quatre nœuds que vous aviez constatés ?
K. : Oui, c'est ça que j'ai dit.
Q. : C'est exact de dire que, dans une déclaration que vous avez faites aux policiers, le 9 janvier, à la réponse 6 de la question 6 vous avez inscrit « three to four knots ».
K. : Oui, à ce moment-là, oui.
Q. : C'était le 9 janvier 2003, c'est exact ?
K. : Oui.
Q. : Je reviens donc à ma question à partir du dossier médical quand on voit ici le chiffre 3, si je vous suggère que vous avez corrigé ce chiffre-là ?
K. : Non.

Il est à noter que la pathologiste Michelle Houde, avant de débuter son autopsie, le 21 novembre 2002 vers 9h20, reçoit certaines informations de la part du sergent Pierre Lasnier, de la GRC, consignées sur une feuille verte. Sur celle-ci y on y lit « *trois à quatre (3 à 4) nœuds serrés* » (MA vol. 10, p. 1892).

La rigidité cadavérique

Enquête préliminaire, 13 janvier 2004, p. 15, 34-35 et 38-39

Kilmartin lit ce qui est écrit dans son rapport : ... *rigor mortis beginning to set in*...

Q. : ... And according to you, rigor mortis was just beginning ?
K. : I couldn't be sure because when the rigor mortis is setting in and when it's leaving the body, there's a certain laxity in the limbs, in the body. I had a feeling that the rigor mortis was setting in, was there, the legs were quite stiff. So I had a feeling that the rigor mortis was setting in... [69]

Q. : ... Would you describe what is the situation of a body in a rigor mortis stage, beginning or ending ?
K. : It was my impression at the time the rigor mortis was setting in...

---

69   Il est établi que la rigidité cadavérique commence d'abord au niveau de la figure et de la mâchoire, ensuite ce sont les membres supérieurs et finalement les membres inférieurs. Elle disparaît dans le même ordre. Les rigidités débutent de 2 à 3 heures après la mort, elle devient généralisée entre 6 et 9 heures et demeure ainsi entre 24 et 48 heures. Par la suite elle disparaît graduellement. Il s'agit d'approximation, mais une chose est sûre : il n'est pas possible que les jambes soient en train de se relâcher quand le haut du corps est encore rigide (Jaffe, 1976/1999). Selon DiMaio et Dana (2007), la rigidité cadavérique commence dans les deux heures après la mort et se complète dans les 6 à 12 heures et peut persister de 36 à 48 heures.

Voir-dire, **24 janvier 2005**, p. 1182
K. : ... On a découvert que les rigidités étaient en train de se fixer.

Procès devant jury, **21 février 2005**, MA p. 2708-2709
Q. : Les mots que l'on voit qui commence par : *Rigor mortis to set in*, est-ce que c'est bien ce qui est écrit ?
K. : Oui, oui. À ce moment-là je ne sais pas s'il était en train de se stabiliser le *rigor mortis* ou bien s'il commençait ou s'il se terminait, s'il se complétait.

Sur la même feuille verte est inscrit : « *selon le m.d. de l'urgence qui a reçu la victime, rigidité pas complète* » (MA vol. 10, 1892).

Jean Archambault, sergent Archambault, SPVM

Q. : « Elle a pas pu se faire ce nœud-là elle-même », est-ce qu'il (Kilmartin) vous a dit ça ?
R. : Quelque chose du genre (MA 7/1318-19; 24 janvier 2005, p. 139-140).

Une question fondamentale se pose : pour quelle raison le docteur Kilmartin a-t-il défait le nœud au tour du cou de Tanya Buchman ? En effet, il était évident que celle-ci était décédée au moment de son arrivée à l'hôpital. Quelle était l'urgence d'agir de la sorte ? Il faudrait que celui-ci s'explique sur son geste. La docteure Houde ne « *pense pas qu'ils ont eu le temps de faire beaucoup de choses là au point de vue manœuvres de réanimation ... Parce que voyez-vous elle était rigide* » (MA 10/1916). En effet, il s'est écoulé trois ou quatre minutes entre l'arrivée de Tanya Buchman et le constat de décès.

Table des matières

Introduction 5

Chapitre 1
Un couple comme bien d'autres 7

Chapitre 2
Une enquête policière biaisée dès le départ 15

Chapitre 3
Les témoins 25

Chapitre 4
Une perception qui varie considérablement 29

Chapitre 5
Des témoignages disculpant l'accusé 35

Chapitre 6
Négligences des enquêteurs et absence de rigueur 41

Chapitre 7
Les expertises policières 51

Chapitre 8
Cet expert urgentologue était-il compétent ? 61

Chapitre 9
Les preuves médico-légales : deux points de vue 69

Chapitre 10
Faire la part des choses 87

Chapitre 11
Le procureur de la Couronne 93

Chapitre 12
En route vers l'erreur judiciaire 101

Chapitre 13
La Cour d'appel et les erreurs judiciaires 115

Chapitre 14
Les médias, l'opinion publique et les faits 129

Conclusion
Une authentique erreur judiciaire 131

Annexe 1
Verbatim des témoignages du docteur Patrik Kilmartin 135